Texte, Themen und Strukturen

Mehrsprachigkeit

Kopiervorlagen

Herausgegeben von
Andrea Wagener

Erarbeitet von
Frank Schneider

Cornelsen

Vorwort

Über den Themenkomplex

Mit dem Thema „Mehrsprachigkeit“ wird ein Phänomen in den Mittelpunkt der Sprachreflexion des Deutschunterrichts gerückt, mit dem Schüler/innen täglich konfrontiert sind. Deutschland ist ein mehrsprachiges Land. Mehrere Millionen Einwohner/innen unseres Landes beherrschen zwei oder mehr Sprachen perfekt. 13 % der Menschen hierzulande bezeichnen eine andere Sprache als Deutsch als ihre Muttersprache. In nahezu jeder Lerngruppe einer deutschen Schule sitzen bilinguale Jugendliche. Zudem können viele heutige Oberstufenschüler/innen mehrere Sprachen so geläufig, dass sie Gespräche in diesen Sprachen führen können. In einem erweiterten Verständnis des Begriffs sind sie also alle mehrsprachig.

Das Thema Mehrsprachigkeit lässt es zu, verschiedene Perspektiven auf das Phänomen einzunehmen. Reizvoll dürfte es sein, die Sicht auf die Lebensrealität mehrsprachiger Menschen mit einem theoretischen, vor allem sprachwissenschaftlichen Blick auf Dimensionen von Mehrsprachigkeit zu verbinden. So wird in diesen Kopiervorlagen die Bedeutung von Mehrsprachigkeit für die Identität der Sprecher/innen anhand von biografischen Zeugnissen zweisprachiger Menschen untersucht, aber auch die eigene Sprachbiografie der Lernenden in den Unterricht einbezogen. Eine theoretische Fundierung erhält dies, indem anschließend Facetten der Mehrsprachigkeit auf den Ebenen der individuellen, der territorialen und institutionellen Vielsprachigkeit beleuchtet werden.

Zudem hat die Mehrsprachigkeit unseres Landes Auswirkungen auf die Entwicklung des Deutschen als Sprache. Inwieweit Mehrsprachigkeit einen Sprachwandel nach sich zieht, wird als diachrone Fragestellung einbezogen, bevor in einem Klausurtraining spezifische Varianten von Mehrsprachigkeit zum Gegenstand werden. Dabei wird die Aufgabenart des materialgestützten Schreibens trainiert.

In häufig kooperativen Zugangsweisen sind in den Arbeitsmaterialien unterschiedliche Kompetenzbereiche und Inhalte der Qualifikationsphase der Oberstufe verbunden. Neben dem Inhalt „Sprache“ stehen naturgemäß fachliche Gegenstände aus den Bereichen Texte/Literatur und Kommunikation im Mittelpunkt. Die rezeptive Kompetenz der Erschließung von Sachtexten nimmt hierbei einen besonderen Stellenwert ein. Zudem werden unterschiedliche Schreibformen geübt, unter anderem das informierende und argumentierende Schreiben.

Zur Reihe

Das vorliegende Heft ist Teil einer Reihe mit kopierfähigen Arbeitsblättern zu abiturrelevanten Lektüren und Themen und ermöglicht den Schülerinnen und Schülern die selbstständige Beschäftigung mit dem Gegenstand und seinen maßgeblichen Inhalten. Die Schülerinnen und Schüler erwerben dabei zugleich methodische Kompetenzen, um literarische Texte oder Sachtexte je nach Anforderung der Aufgabe zu analysieren und zu interpretieren. Die Arbeitsblätter eignen sich für den unmittelbaren Einsatz im Unterricht und sind so konzipiert, dass sie in mehreren Sequenzen eine ausführliche Behandlung des Themas oder der Ganzschrift ermöglichen. Die Konzeption berücksichtigt unterschiedliche Phasen der Erarbeitung im Unterricht. Die Hefte der Reihe sind einheitlich aufgebaut und bieten Arbeitsblätter zum Einstieg über eine thematische Annäherung, zu wichtigen Aspekten des Themenfeldes (bzw. bei Lektüren: zur Textanalyse) sowie Informationen zu relevanten historischen oder theoretischen Hintergründen. Über den vorgeschlagenen Weg hinaus kann die Lehrkraft die einzelnen Kopiervorlagen auch individuell zusammenstellen. Das Heft enthält neben den Arbeitsblättern Vorschläge für Klausuren. Zur Erleichterung der Unterrichtsvorbereitung für die Lehrer/innen werden die Arbeitsblätter knapp didaktisch kommentiert und Lösungsvorschläge angeboten.

Da die Verwendung von Operatoren ein wichtiger Teil der Vorbereitung der Schüler/innen auf das Abitur ist, haben die Arbeitsblätter Doppelüberschriften, deren zweiter Teil sich an zentralen Kompetenzen orientiert und Auskunft über die konkreten Operatoren gibt, die durchgeführt werden sollen. In den Aufgabenstellungen finden sich sowohl textanalytische Verfahren der Rezeption als auch produktionsorientierte Verfahren, insbesondere des Schreibens. Die einzelnen Kopiervorlagen berücksichtigen unterschiedliche Arbeitsformen wie Einzel-, Partner- und Gruppenarbeit sowie verschiedene Verwendungsformen: Sie können im Unterricht, zur Nachbereitung des Unterrichts zu Hause oder im Vertretungsunterricht eingesetzt werden.

Die Hefte der Reihe „Texte, Themen und Strukturen – Kopiervorlagen zu Abiturlektüren“ sind terminologisch und methodisch auf das Oberstufenwerk „Texte, Themen und Strukturen“ abgestimmt.

Meine Sprachenbiografie – Den eigenen Sprachenzuwachs reflektieren

1 Zeichnen Sie die Entwicklungskurven Ihrer Sprachen. Tragen Sie dazu in das nachfolgende Koordinatensystem für jede Sprache, die Sie sprechen, mit je einer anderen Farbe ein:
- Beginn des Erwerbs dieser Sprache (Fremdsprachen, aber auch Dialekte),
- Bewältigung erster konkreter Sprachsituationen in dieser Sprache,
- erkennbare Veränderungen im Grad der Beherrschung dieser Sprache.

Nutzen Sie die Spalte rechts für eine Legende mit Erläuterungen.

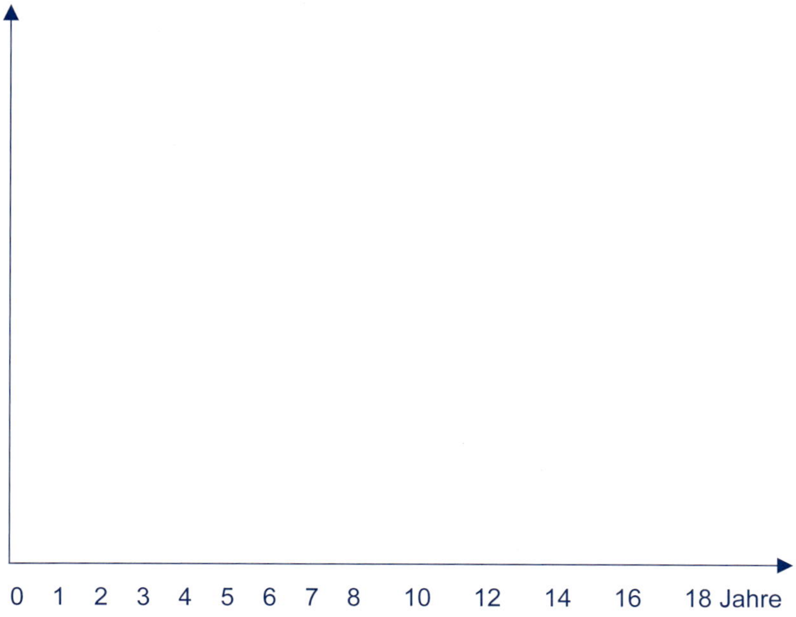

Legende/Erläuterungen:

2 Markieren Sie besondere Erlebnisse, die Sie mit einzelnen Sprachen hatten, z. B. ein erstes Telefonat in einer Fremdsprache, einen ersten Aufenthalt in dem Land …

3 Stellen Sie einer Partnerin / einem Partner Ihre Entwicklungskurven vor. Notieren Sie Ähnlichkeiten und Unterschiede Ihrer Kurvenbilder.

4 Besprechen Sie zu zweit, inwiefern Sie sich als „mehrsprachig" bezeichnen können (→ Information).

Information **Mehrsprachigkeit**

Mit „**individueller Mehrsprachigkeit**" ist gemeint, dass das Sprachenrepertoire eines Individuums aus mehr als einer Sprache besteht. Der Begriff wird jedoch in unterschiedlicher Weise interpretiert:
- Zumeist spricht man von **Zweisprachigkeit (Bilingualität)**, wenn jemand zwei Nationalsprachen wie Deutsch und Türkisch sehr gut beherrscht. **Bilinguale Erstsprachigkeit** (zwei Erstsprachen) liegt vor, wenn die zweite Sprache sehr früh, nämlich vor dem 3. Lebensjahr, erworben wird.
- Ein **erweiterter Begriff von Mehrsprachigkeit** umfasst alle Menschen, die neben ihrer Muttersprache Fremdsprachen so gut beherrschen, dass sie bei Bedarf in den meisten Situationen problemlos von der einen Sprache zu einer anderen umschalten können.
- Zuweilen wird der Begriff über Nationalsprachen hinaus verwendet: für die Beherrschung mehrerer Varianten innerhalb der Muttersprache, z. B. Hochsprache und Dialekt (**innere Mehrsprachigkeit**).

„Das Herz ist polnisch …“ – Sprachporträts deuten

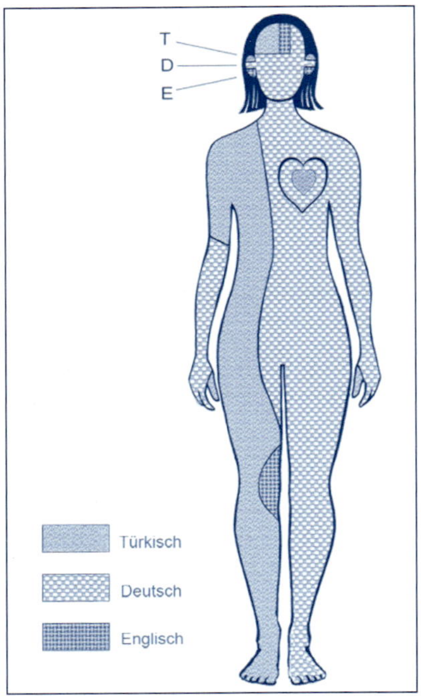

© Petra Ballhorn, Berlin

Geboren bin ich vor 25 Jahren in Köln. Meine Eltern sind türkisch. Bei uns zu Hause wurde Türkisch, aber oft auch Deutsch gesprochen. Mein Vater spricht aber nicht so gut Deutsch. Er hat bis zu seinem 23. Lebensjahr in der Türkei gelebt.
Ich bin heute verheiratet mit einem Mann, der auch in Deutschland geboren ist und bis heute mit seinen Eltern nur Türkisch spricht.
Ich selbst will Lehrerin werden und mache gerade mein Referendariat. Meine Fächer sind Sozialwissenschaften und Deutsch.

1 Eine 25-jährige Referendarin, die Deutsch und Türkisch perfekt spricht (und dazu noch Englisch kann), hat ihr Verhältnis zu diesen Sprachen in das Bild oben gezeichnet.
a Beschreiben Sie den Gesamteindruck, den Sie aus dem Bild gewinnen.

b Deuten Sie Details. Achten Sie etwa auf das Herz, die Ohren, die Hände …

c Stellen Sie Vermutungen an, wie wohl der Vater der jungen Frau solch ein Bild für sich gezeichnet hätte. Zeichnen Sie in das rechte Feld.

2 Vergleichen Sie Ihre Ergebnisse zu Aufgabe 1 in Partnerarbeit.

3 Formulieren Sie auf der Grundlage Ihrer bisherigen Ergebnisse erste Aussagen zum Zusammenhang von Sprache, Mehrsprachigkeit und Identität.

„Deutsch wohnt im …" – Das Verhältnis zu meinen Sprachen visualisieren

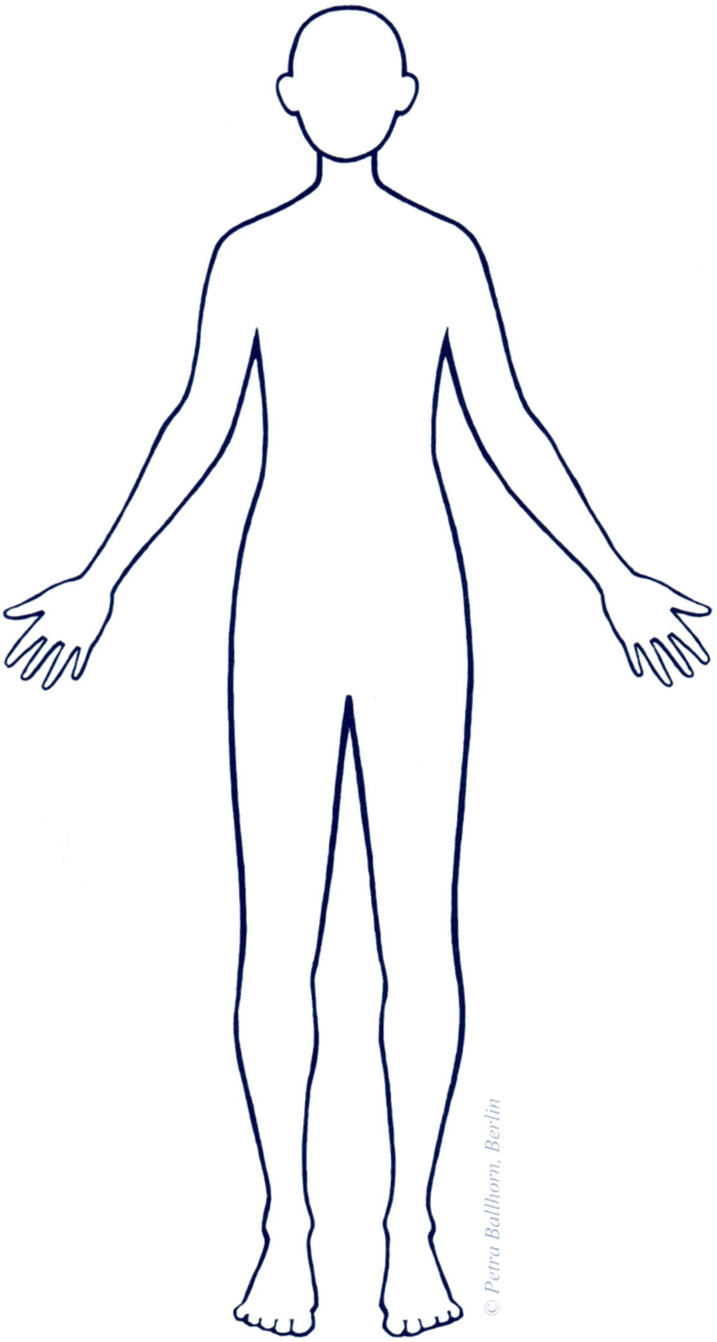

Sprachen, die ich spreche	
Sprache	**dafür gewählte Farbe**

1 **a** Weisen Sie jeder Sprache, die Sie sprechen – gleichgültig, wie gut – eine Farbe zu und tragen Sie diese in die Tabelle ein.

b Bilden Sie Ihr Verhältnis zu den Sprachen symbolisch ab, indem Sie mit den gewählten Farben den Körperumriss füllen. Achten Sie vor allem auf die zentralen Stellen: Welche Farben wählen Sie für die Hand, das Herz, den Mund, die Ohren …?

2 Suchen Sie mehrfach eine Partnerin / einen Partner und lassen Sie Ihr Bild von ihr/ihm interpretieren.

3 Legen Sie alle Sprachporträts Ihres Kurses aus und verschaffen Sie sich in einem Museumsgang einen Überblick. Notieren Sie dann, was Ihnen aufgefallen ist: Ähnlichkeiten, Kontraste, Besonderheiten …

Sprache und Heimat – Autobiografische Texte untersuchen

Anja Dilk: „Weißrussland ist weit weg“ (2011)

Katja Azorina, Weißrussin, 14 Jahre alt, 8. Klasse am Helene-Lange-Gymnasium Hamburg; Vater Ingenieur, Mutter Sozialpädagogin

„Mit acht Jahren bin ich mit meinen Eltern und beiden Schwestern nach Deutschland gekommen. Weil meine jüdischen Großeltern von den Nazis verfolgt worden sind, sind wir als Aussiedler aufgenommen worden. Ich erinnere mich noch gut an die Unsicherheit in unserer Familie. Wie würde das neue Leben sein? Ein halbes Jahr lang haben wir in einem Hamburger Aussiedlerheim gewohnt, zu fünft in zwei Zimmern. Küche und Bad mussten wir mit sechs anderen Familien teilen. Ungewohnt. Aber eigentlich war es schön dort.

Nach einem halben Jahr sind wir in eine eigene Wohnung gezogen und ich konnte mit meiner jüngeren Schwester von der Integrationsklasse auf eine normale Grundschule wechseln. Aus einem anderen Land zu kommen, war in dieser Schule nichts Besonderes. Viele hatten keine deutsche Herkunft, die meisten stammten aus der Türkei. Erst im Gymnasium habe ich mich als Ausländerin gefühlt. Es lag in einem besseren Wohnviertel, außer mir waren nur drei andere Kinder nichtdeutscher Herkunft. Am Anfang haben die Schüler oft gefragt: Woher kommst du? Warum hast du so einen Akzent? Mittlerweile hat sich das gelegt, auch weil ich perfekt Deutsch spreche.

Für mich ist Weißrussland total weit weg. Seit wir ausgewandert sind, war ich nicht mehr da. Klar, wir kochen und sprechen russisch in der Familie. Das finde ich schön. Aber ich fühle mich mehr als Deutsche. Vielleicht auch ein bisschen dazwischen. Doch ich stelle mir gar nicht die Frage, ob ich deutsch oder russisch bin. Mir gefällt es hier. Ich mag, dass alles so locker ist und die Kinder mehr Freiheiten genießen. [...]“

Anja Dilk (3. 5. 2011): „Weißrussland ist weit weg“. Online unter http://www.gew.de/Herkunft_ist_ein_grosses_Wort_....html# Section43037 [09. 3. 2015]

Michel Boiron: Goethe – ein Fremdwort (1983)

Michel Boiron, in Frankreich geboren, kam mit 21 Jahren zum Studium nach Berlin; veröffentlicht Lyrik und Novellen auf Französisch

Meine Oma hat mir einen Brief geschrieben. Meine Oma glaubt, wenn man eine Sprache lernt, eine Fremdsprache, dann verliert man seine eigene Sprache, Wort für Wort. Sie schreibt: „Ich habe Angst, dass wir uns nicht mehr verstehen, wenn du zurückkommst.“ Ich mag meine Oma. […]

Aus: Irmgard Ackermann: In zwei Sprachen leben. München: dtv 1983, S. 234

Derya Karaoglan: Sie wollten wissen, was es heißt (2005)

Derya Karaoglan, 16 Jahre alt, Schülerin in Essen

Letzte Woche war ich auf einer türkischen Feier, auf dem „23 Nisan“[1]. Da habe ich mich daheim gefühlt. Es war ein richtig schönes Gefühl. Aber manchmal fühle ich mich auch fremd, weil viele in Deutschland keine Ausländer haben wollen. Sie hassen sie. Ich weiß nicht warum.

Aber es gibt auch viele, die sich dafür interessieren, was wir für eine Kultur haben, wie wir leben, wie wir kochen usw. Auf dem „23 Nisan“ beispielsweise war es so. Da waren viele Deutsche. Sie haben mit uns getanzt und gelacht. Sehr schön war es vor allem, dass sie versucht haben, Türkisch zu sprechen. Und wenn wir Türkisch geredet haben, wollten sie wissen, was es heißt. Dann übersetzten wir es natürlich ins Deutsche. Diese Deutschen waren alle sehr nett.

Aus: Friederike Köster und Artur Nickel: Fremd und doch daheim?! Vechta: Geest 2005, S. 81

[1] **23 Nisan (23. April):** Feiertag und Kindertag in der Türkei und anderen Ländern

1 a Markieren Sie in den Texten Aspekte, die Sie kennen oder zumindest gut nachvollziehen können.
b Formulieren Sie, inwieweit sich für die Autorinnen/Autoren der Heimatbegriff mit Sprache verbindet.

2 a Welchen Stellenwert schreiben die beiden Mädchen der Akzeptanz ihrer Muttersprache zu?
b Von einer „hybriden Identität“ spricht man, wenn sich ein Mensch mehreren kulturellen Räumen zugehörig fühlt. Untersuchen Sie, inwieweit es in den Texten Hinweise auf solche Identitäten gibt.

Sprache und Identität – Aussagen von Mehrsprachlern interpretieren

Muttersprache				
Wie wichtig ist Ihnen Ihre Muttersprache?	☐ sehr wichtig	☐ eher wichtig	☐ eher unwichtig	☐ unwichtig
Wie wichtig ist die Muttersprache in Ihrer Familie?	☐ sehr wichtig	☐ eher wichtig	☐ eher unwichtig	☐ unwichtig
Mit wem sprechen Sie sie?	☐ mit allen in der Familie	☐ mit den meisten	☐ mit wenigen	☐ mit niemandem
Wie gut können Sie Ihre Muttersprache?	☐ perfekt	☐ gut	☐ befriedigend	☐ schlecht
Wie oft brauchen Sie Ihre Muttersprache?	☐ täglich	☐ häufig	☐ selten	☐ nie

1 Kreuzen Sie im Fragebogen die zutreffenden Antworten an.

2 **a** Lesen Sie unten die Antworten eines serbischen Jungen auf die Fragen.
b Notieren Sie wesentliche Unterschiede zwischen Ihren Antworten und denen des Jungen.

____

____

c Benennen Sie Widersprüche in den Antworten des Jungen.
d Formulieren Sie eine Erklärung für die Antworten des Jungen. Beziehen Sie dazu auch das Mehrsprachigkeitsparadox aus dem Zitat unten mit ein.

____

____

____

____

Antworten eines 10-jährigen Jungen aus Serbien, der seit Kurzem in Deutschland lebt (2004)
(*Rechtschreibfehler aus dem Original übernommen)

Wie wichtig ist dir deine Muttersprache?	nicht so wichtig
Wie wichtig ist die Muttersprache in deiner Familie?	Meine Muttersprache ist mir nicht so wichtig.
Mit wem sprichst du sie?	*Ich sprich sie mit meine Eltern, bekante oder Freunde und Brüder.
Wie gut kannst du deine Muttersprache?	sehr gut, perfekt
Wie oft brauchst du deine Muttersprache?	nicht so oft, besser gesagt fast nie

Aus: Hans-Jürgen Krumm: Sprache und Identität. In: Jutta Limbach und Katharina von Ruckteschell (Hrsg): Die Macht der Sprache. Berlin und München: Langenscheidt 2008, S. 29

Die amerikanische Sprachwissenschaftlerin Nancy Hornberger über das „Mehrsprachigkeitsparadox":
„Unsere Gesellschaft missachtet den sprachlichen Reichtum der ethnischen und zugewanderten Minderheiten, während sie gleichzeitig die unzureichende Mehrsprachigkeit der Gesellschaft beklagt und mit teuren Programmen zu verbessern sucht."

Nancy Hornberger: Multilingual language policies and the continua of biliteracy. In: Language Policy 1 (2002), S. 47

„Mehrsprachigkeit“ – Einen Begriff anhand von Material schärfen

Volker Hinnenkamp: Vom Umgang mit Mehrsprachigkeiten (2010)

[…] „Die Sprache der Bundesrepublik Deutschland ist Deutsch.“ Dieser Satz steht nicht in der Verfassung. Er ist nirgendwo festgeschrieben. Hingegen findet sich im Grundgesetz (Art. 3) einzig die Aussage „Niemand darf wegen […] seiner Sprache […] benachteiligt oder bevorzugt werden.“ […]

Die Bundesrepublik Deutschland ist allerdings in mehrfacher Hinsicht mit dem Problem der Mehrsprachigkeit konfrontiert. Das führt zu großen Unsicherheiten über das Verhältnis des Deutschen als Mehrheitssprache gegenüber Menschen mit anderer Muttersprache. Auch wenn es keine gesicherten Zahlen gibt – rund neun Prozent der Bevölkerung haben einen ausländischen Pass –, so ist der Anteil derjenigen, deren Muttersprache nicht Deutsch ist, beträchtlich. Der Großteil davon geht auf die Einwanderung seit der Anwerbung sogenannter Gastarbeiter seit Mitte der 1950er-Jahre zurück. Mit etwa zwei Millionen Muttersprachlern ist Türkisch dabei am stärksten vertreten.

Anders- und Mehrsprachigkeit ist in einem Land, dem die Erziehungswissenschaftlerin Ingrid Gogolin einen „monolingualen Habitus“[1] vorhält, in vielerlei Weise problematisch. Von daher gab und gibt es immer wieder den Vorschlag, die deutsche Sprache im Grundgesetz festzuschreiben. Aufgrund der tatsächlichen Vielsprachigkeit in Deutschland könnte aber verfassungsmäßig genauso gut die Mehrsprachigkeit verankert werden. […]

Ab wann gilt ein Individuum, eine Gesellschaft als zwei- oder mehrsprachig? Die Wissenschaft ist sich hier nicht einig, auch wenn anerkannt ist, dass die meisten Menschen zwei- und mehrsprachig sind (allerdings mit unterschiedlichen Schätzungen über den genauen Anteil, der zwischen 60 und 75 Prozent liegen dürfte). Es gibt dazu keine klaren Aussagen, weil erstens nicht klar ist, wie viele Sprachen in der Welt überhaupt existieren; zweitens können Sprachen nicht einfach gezählt werden; drittens ist unklar, wo die Grenze zwischen Ein-, Zwei- und Mehrsprachigkeit liegt.

Ob man eine Sprache als selbstständig zählt oder einer anderen Sprache als Dialekt zuordnet, ist letztendlich willkürlich. Der meist mühselige Prozess der Standardisierung von Sprachen hat sich in historischen Prozessen herauskristallisiert. In Europa hat sich ein Verständnis von Sprache entwickelt, das zumeist identisch mit Nationalsprache ist. Daneben werden Sprachen von Minderheiten nur als Zweitsprachen toleriert. Dennoch gilt Vielsprachigkeit auch für alle europäischen Länder. […]

Volker Hinnenkamp: Vom Umgang mit Mehrsprachigkeiten. In: Bundeszentrale für Politische Bildung: Aus Politik und Zeitgeschichte 8/2010

[1] **monolingualer Habitus:** Benehmen, als ob es Einsprachigkeit gäbe

Frage: Wie viele Sprachen können Sie gut genug sprechen, um sich darin unterhalten zu können? Antwort: „mindestens 2“ (2012)

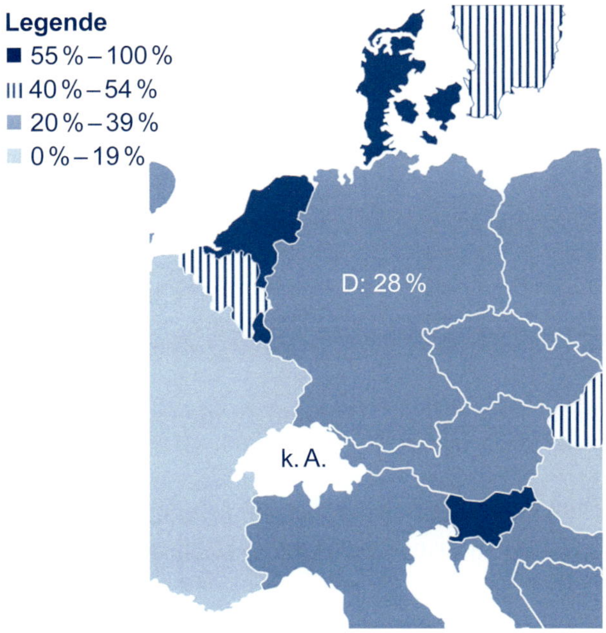

Daten aus: Spezial Eurobarometer 386 (2012): Die europäischen Bürger und ihre Sprachen, S. 17

Unter Verwendung einer Karte von Tanja Bagusat – Fotolia.com

1 Prüfen Sie anhand des Textes und der Grafik, ob die folgenden Aussagen zutreffen.

	richtig	falsch
A Jemand, der (nur) Hochdeutsch und Kölsch (Ripuarisch) beherrscht, kann je nach Definition als einsprachig oder mehrsprachig bezeichnet werden.	☐	☐
B In Deutschland geben mehr Menschen an, sich in mindestens zwei Sprachen unterhalten zu können, als etwa in den Niederlanden.	☐	☐
C Die Erziehungswissenschaftlerin Ingrid Gogolin wirft den Deutschen vor, fälschlicherweise so zu tun, als lebten sie in einer einsprachigen Gesellschaft.	☐	☐

Sprache als „Weltansicht“ – Sprachenvielfalt philosophisch deuten

Wilhelm von Humboldt: Grundzüge des allgemeinen Sprachtypus (1826)

[...] Da aller objektiven Wahrnehmung unvermeidlich Subjektivität beigemischt ist, so kann man schon unabhängig von der Sprache jede menschliche Individualität als einen eigenen Standpunkt der Weltansicht betrachten. [...] [D]a nun auch auf die Sprache in derselben Nation eine gleichartige Subjektivität einwirkt, so liegt in jeder Sprache eine eigentümliche Weltansicht. [...] Der Mensch lebt auch hauptsächlich mit den Gegenständen, so wie sie ihm die Sprache zuführt [...] [J]ede Sprache zieht um die Nation, welcher sie angehört, einen Kreis, aus dem es nur insofern hinauszugehen möglich ist, als man zugleich in den Kreis einer andren Sprache hinübertritt. Die Erlernung einer fremden Sprache, auf die richtige Art benutzt, ist daher die Gewinnung eines neuen Standpunkts in der bisherigen Weltansicht, da jede das ganze Gewebe der Begriffe und der Vorstellungsweise eines Teils der Menschheit enthält.

Wilhelm von Humboldt: Grundzüge des allgemeinen Sprachtypus. In: W. v. Humboldts Werke, Band V. Hrsg. von Albert Leitzmann. Berlin: Behr 1906, S. 387f.

Guy Deutscher: Wie die Sprache unser Denken prägt (2011)

[D]er entscheidende Unterschied zwischen Sprachen liegt nicht darin, was jede Sprache ihren Sprechern auszudrücken gestattet – denn theoretisch könnte jede Sprache alles zum Ausdruck bringen –, sondern in den Informationen, zu deren Wiedergabe jede Sprache ihre Sprecher zwingt. [...]

Wenn ich auf Englisch sage: „I spent yesterday evening with a neighbour“, dann können Sie sich durchaus die Frage stellen, ob ich mit einem Mann oder mit einer Frau ausgegangen bin. Aber ich habe das Recht, Ihnen höflich zu erklären, dass Sie das nichts angeht. Wenn wir aber deutsch sprechen, dann verfüge ich nicht über das Privileg, die Dinge im Unklaren zu lassen, denn ich werde von der Sprache dazu gezwungen, mich zwischen *Nachbar* oder *Nachbarin* zu entscheiden.

Deutsch zwingt mich also, Sie über das Geschlecht des Menschen, der mich begleitet hat, zu informieren [...]. Das bedeutet natürlich nicht, dass Englischsprecher die Unterschiede zwischen Abenden, die man mit Nachbarn, und solchen, die man mit Nachbarinnen verbringt, nicht wahrnehmen. Ebenso wenig bedeutet es, dass Englischsprecher den Unterschied nicht ausdrücken können, falls sie das wünschen sollten. Es bedeutet nur, dass Englischsprecher nicht verpflichtet sind, das Geschlecht anzugeben [...].

Hingegen verpflichtet Sie das Englische durchaus, gewisse Informationen zu nennen, die man in manchen anderen Sprachen dem Zusammenhang überlassen kann. Wenn ich Ihnen auf Englisch von einem Abendessen mit einem „neighbour“ erzähle, dann muss ich Ihnen vielleicht nicht das Geschlecht meiner Begleitperson mitteilen, aber ich muss Ihnen auf jeden Fall ziemlich viel über die zeitliche Einordnung des Geschehens erzählen: Beispielsweise muss ich mich zwischen *we are dining* (gerade jetzt) oder *we dine* (regelmäßig), zwischen *we dined* (einmal oder einige Male in der Vergangenheit) und *we have been dining* (öfters, über eine lange Zeitspanne) entscheiden. Das Deutsche ist ebenso imstande, solche feinen Unterscheidungen zu machen, aber es *verpflichtet* seine Sprecher nicht, diese Unterscheidungen gewohnheitsmäßig zu treffen. [...]

Wenn verschiedene Sprachen den Geist ihrer Sprecher auf unterschiedliche Weise beeinflussen, dann nicht wegen der Dinge, die jede Sprache angeblich den Menschen zu denken gestattet, sondern vielmehr ist der Einfluss eine Folge des Umstands, dass Menschen von Kindesbeinen an gewohnheitsmäßig bestimmte Ausdrucksweisen verwenden. Denn schließlich können sich Sprachgewohnheiten zu geistigen Gewohnheiten verfestigen, die uns über das Sprechen hinaus beeinflussen und die Konsequenzen für unsere Denkweise und Wahrnehmung der Welt haben können.

Guy Deutscher: Rede zur Konferenz „Deutsch in den Wissenschaften“, 10. 11. 2011. Online unter http://stifterverband.info/meinung_und_debatte/2011/deutscher_sprache_denken [18. 3. 2015]

1 Erläutern Sie die Aussagen von Humboldt und Deutscher an einem der folgenden Beispiele: *Rotkehlchen*: engl. *(robin) redbreast;* Nachbar/in: engl. *neighbour;* span. *ganar (dinero):* gewinnen, (Geld) verdienen*; Himmel*: engl. *sky/heaven*; *selbstbewusst*: engl. *self-confident*, verlegen: engl. *self-conscious*.

2 Entscheiden und begründen Sie, welche der folgenden Aussagen zu Deutschers Kerngedanken zutrifft:
A: „Nach Deutscher legt unsere Sprache uns auf eine bestimmte Interpretation der Welt fest.“
B: „Sprache gewöhnt uns nach Deutschers Ansicht an bestimmte Denkwege.“

3 Erörtern Sie, welche Bedeutung Mehrsprachigkeit in Humboldts und Deutschers Augen haben dürfte.

Vorteil Mehrsprachigkeit? – Bewertungen eines Phänomens vergleichen

Janna Degener: Macht Mehrsprachigkeit schlau? (2012)

[…] Wer von klein auf mit mehr als einer Sprache aufgewachsen ist und seine Mehrsprachigkeit im Alltag immer wieder aufs Neue trainiert, kann offenbar nicht nur die Sprachen, sondern auch andere Informationen auf einem sehr hohen Niveau verarbeiten. In Experimenten schneiden mehrsprachige Menschen besonders gut ab, wenn sie Störgeräusche in ihrer Umgebung ausblenden oder einander konkurrierende Aufgaben bewältigen sollen: So hat man Menschen beispielsweise Bilder gezeigt, auf denen etwa das Wort „gelb" in roter Farbe und das Wort „grün" in blauer Farbe geschrieben war. Die Probanden sollten dann schnell sagen, in welcher Farbe das Wort geschrieben ist. Dabei stellte sich heraus, dass Einsprachige eher das Wort lesen, anstatt die Farbe anzugeben, als Mehrsprachige. Ähnliche Vorteile haben Mehrsprachige, wenn sie mehrere Aufgaben gleichzeitig bewältigen sollen, wenn es also um das klassische *Multitasking* geht: Mehrsprachige tun sich tendenziell leichter damit, beim Kochen die Kinder zu beaufsichtigen oder beim Autofahren zu telefonieren. Zudem gibt es laut Boeckmann [Anm. d. Red.: Univ. Prof. Dr. Klaus-Börge Boeckmann, Deutsch als Fremd- und Zweitsprache, Universität Wien] sogar Hinweise darauf, dass Mehrsprachigkeit die sozialen Fähigkeiten verbessert.

„Mehrsprachige Menschen nutzen die Möglichkeit besser aus, die unser menschliches Gehirn bietet", so Boeckmann. „Sie sind trainiert darin, sich auf eine Sprache zu konzentrieren und die andere auszublenden. Diese Fähigkeit lässt sich offenbar auch auf andere Aufgaben übertragen." […]

Janna Degener (2012): Macht Mehrsprachigkeit schlau? In: Goethe-Institut (Hrsg): Humboldt 3: Bildung – Zwischen Hirn und Herz, S. 26ff.

Rosemarie Tracy: Mehrsprachigkeit: Vom Störfall zum Glücksfall (2014)

[…] Einstellungen zur Mehrsprachigkeit sind interessanten Schwankungen unterworfen und zeichnen sich außerdem durch eine gehörige Portion Doppelmoral aus. So wird der frühe Erwerb von Sprachen, die innerhalb des Bildungssystems einen Wert haben, weil sie Teil des fremdsprachlichen Kanons sind, von KinderärztInnen und PädagogInnen deutlich positiver gesehen und für sinnvoller erachtet als der Erwerb von Sprachen, die in der Schule keine Existenzberechtigung haben und vor deren SprecherInnen man sich möglicherweise noch dazu aus vielerlei Gründen („Überfremdung", „Migrantenschwemme" etc.) fürchtet. Fremdenfeindlichkeit und Ängste in Zeiten von Kriegen und politischen Konflikten, Arbeitslosigkeit und Einwanderungswellen wirken sich unmittelbar auf die Einstellungen zur Mehrsprachigkeit bzw. zu dem beteiligten Sprachenspektrum aus, und entsprechend findet man immer wieder Warnungen vor den Gefahren der Mehrsprachigkeit für das Individuum und für die Gesellschaft […].

Vor mittlerweile mehr als 20 Jahren äußerte die kanadische Wissenschaftlicherin Ellen Bialystok (1991) die Hoffnung, dass man nach Wechselbädern von Negativeinschätzungen und euphorischer Überschätzung endlich dahin gekommen sei, Mehrsprachigkeit als normal zu betrachten. Dies gilt zwar mittlerweile weitestgehend für den fachwissenschaftlichen Diskurs, aber nicht für die Öffentlichkeit, in der Mehrsprachigkeit immer noch mit Skepsis betrachtet wird. […]

Rosemarie Tracy: Mehrsprachigkeit: Vom Störfall zum Glücksfall. In: Krifka u.a. (Hrsg.): Das mehrsprachige Klassenzimmer. Berlin/Heidelberg: Springer 2014, S. 20f.

1 **a** Lesen Sie den Text von Degener. Listen Sie auf, welche Vorteile mehrsprachige Menschen haben.
b Erläutern Sie, inwiefern die am Ende zitierte Aussage von Boeckmann diese Vorteile erklärt.

2 **a** Lesen Sie den Text von Tracy. Erläutern Sie anhand von konkreten Sprachen, inwiefern es eine Doppelmoral hinsichtlich der Bewertung von Mehrsprachigkeit gibt.
b Nehmen Sie Stellung zu folgendem Einwand gegen Tracys Ausführungen: „Zweisprachige Kindergärten und bilingualer Unterricht sind heute doch weit verbreitet!"

3 Formulieren Sie eine Ihres Erachtens angemessene Sicht auf die Mehrsprachigkeit von Menschen.

4 Diskutieren Sie: Ist Mehrsprachigkeit der Schülerinnen und Schüler ein wichtiges Bildungsziel von Schulen?

Mehrsprachigkeit als schulisches Ziel? – Eine Argumentation erschließen

Willis Edmondson: Je pense (in three languages), donc je suis (mehrsprachig) (2004)

Auch wenn die Idee, dass man in der Schule zwei Fremdsprachen lernen sollte, nicht neu ist, hat diese Idee (unter dem Etikett Mehrsprachigkeit) als Konsequenz tiefgreifender soziopolitischer Entwicklungen ihre jetzige Relevanz erhalten. Das heißt, es wird mehr und mehr akzeptiert, dass wir in einem so genannten „Global Village" leben, wofür u. a. eine integrierte europäische Union ein Zeichen ist. Konzepte wie Internationalisierung, Mobilität auf dem Arbeitsmarkt und Multikulturalität sind hiermit verbunden. [...]
Auch an deutschen Universitäten werden *internationale* Studiengänge eingerichtet [...].
Welche Rolle sollte die Schule bei der Realisierung des politischen Ziels Mehrsprachigkeit übernehmen? Wird dieses Desiderat z. B. durch die Forderung „mindestens zwei schulische Fremdsprachen für alle!" erfüllt? [...]
Die Eckwerte meines Standpunkts sind die folgenden:

a. Die Schule vermittelt *exemplarisches* Wissen in verschiedenen Sachbereichen sowie *grundlegende* Fertigkeiten und Fähigkeiten, die nach der Schule unterschiedliche Ausprägungen annehmen können. Es ist nicht Aufgabe der Schule, Sprachkenntnisse zu vermitteln, mit denen die Schüler dann für ein mehrsprachiges Leben ausgestattet sind [...].
b. In der Schule [...] herrscht daher immer eine Spannung zwischen kulturellen/humanistischen bildungsorientierten Zielen für den Fremdsprachenunterricht und gesellschaftlich orientierten kommunikativen Zielsetzungen. Für eine professionelle Fremdsprachenvermittlung ist die Schule per definitionem der falsche Ort.
c. Ferner gilt: Die Schule *kann* ihren Schülern Mehrsprachigkeit [...] nicht vermitteln. Nur eine sehr geringe Anzahl von Fremdsprachen kann im schulischen Lehrplan untergebracht werden. Weiterhin ist völlig unklar, *welche* Sprachen für *welche* Adressaten in der Schule angeboten werden sollten, da für die zukünftigen Bedürfnisse der individuellen Schüler keine Prognosen möglich sind (Englisch ist hier wegen seiner Rolle als die verbreitetste *lingua franca*[1] auf der Welt eine Ausnahme).
d. Eine mögliche, auf Mehrsprachigkeit ausgerichtete Alternative zur Vermittlung von Kenntnissen von mindestens zwei Fremdsprachen in der Schule ist die folgende: In der Schule müsste ein neues Schulfach Kenntnisse über die Vielfalt der Welt der Sprachen vermitteln, Erfahrungen mit dem Erlernen von unterschiedlichen Aspekten ganz unterschiedlicher Sprachen ermöglichen, Sprachvergleiche auf verschiedenen linguistischen Ebenen anstreben und Sprachlernstrategien fördern. Die deutsche Sprache, Englisch als *lingua franca* und die verschiedenen Sprachen einer bestimmten Lerngruppe bilden zentrale Inhalte dieses Fachs. Wie ein solches Fach benannt werden sollte, lasse ich offen – es geht darum, dass eine Grundlage für eine auch *nach* der Schule praktizierte Mehrsprachigkeit *in* der Schule aufgebaut wird, eine Grundlage übrigens, die äußerst viele sinnvolle pädagogische Elemente enthält, die schon unter Etiketten wie „Sprachlernbewusstheit", „Language Awareness", „Interkulturelles Lernen", „Learning to Learn" und auch „mehrsprachiger Fremdsprachenunterricht" bekannt sind. [...]

Willis Edmondson: Je pense (in three languages), donc je suis (mehrsprachig). In: K.-R. Bausch u. a. (Hrsg.): Mehrsprachigkeit irgendwas, irgendwie. Arbeitspapiere der 24. Frühjahrskonferenz zur Erforschung des Fremdsprachenunterrichts. Tübingen: Narr 2004, S. 39–44 (hier: S. 40ff.)

[1] **lingua franca:** allgemeine Verkehrssprache

1 **a** Lesen Sie den Text und markieren Sie mit + bzw. – Stellen, denen Sie zustimmen bzw. widersprechen.
b Vergleichen Sie Ihre Einschätzungen in Partnerarbeit. Einigen Sie sich auf je einen Aspekt, dem Sie beide zustimmen bzw. widersprechen.

2 **a** Arbeiten Sie aus dem Text zwei bis drei zentrale Thesen heraus. Visualisieren Sie die dafür vorgebrachten Argumente.
b Ergänzen Sie Ihre Grafik: Listen Sie auf, welche Gegenpositionen Edmondson erwähnt und wie er sie widerlegt.

3 Diskutieren Sie, wie Edmondson das Sprachenkonzept Ihrer Schule bewerten würde. Begründen Sie mit Zitaten aus dem Text.

4 Angenommen, Sie könnten ohne Rücksicht auf die Ressourcenfrage eine Erweiterung des Sprachenkonzepts Ihrer Schule auf den Weg bringen: Wie sähe Ihr Konzept aus? Begründen Sie.

Mehrsprachigkeit konkret – Facetten des Begriffs beispielhaft klären

A

Von einer Landessprache spricht man, wenn eine Gemeinschaft seit mehreren Generationen in einem Land siedelt. […]

Landessprachen in Deutschland

Alemannisch, Bairisch, Balkan-Romani, Dänisch, Deutsch, deutsche Gebärdensprache, Fränkisch, Holsteinisch, Jenisch, Kabardinisch, Kölsch, Limburgisch, Luxemburgisch, Mainfränkisch, Mecklenburgisch, Niedersächsisch, Niedersorbisch, Nordfriesisch, Obersächsisch, Obersorbisch, Ostfriesisch, Pfälzisch, Plattdeutsch, Polnisch, Saterfriesisch, Schwäbisch, Sinti-Romani, Vlach-Romani, Westfälisch, Westjiddisch

Nach: Barbara Hahn, Christine Zimmermann, Christoph Drösser: Sprachenvielfalt. Landessprachen in Deutschland. In: DIE ZEIT, 4. 4. 2013, S. 39

B

Migrantensprachen in Deutschland [Auswahl]

Türkisch 2 110 000 Sprecher/innen
Kroatisch 652 000 Sprecher/innen
Italienisch 548 000 Sprecher/innen
Kurmandschi[1] 541 000 Sprecher/innen
Russisch 360 000 Sprecher/innen
Griechisch 314 000 Sprecher/innen
[…]

[1] wird von zwei Dritteln aller Kurden gesprochen

Nach: Barbara Hahn, Christine Zimmermann, Christoph Drösser: Sprachenvielfalt. Landessprachen in Deutschland. a. a. O.

C

„In diese Spiel es waren zwei, drei oder vier Spieler, die waren schwach wie eine Flasche leer!“

Giovanni Trappatoni, Fußballtrainer

D

© Mit freundlicher Genehmigung: Europa-Universität Viadrina, Frankfurt (Oder)

1 **a** Lesen Sie die Texte bzw. Aussagen oben. Notieren Sie einen Punkt, den Sie bemerkenswert finden, und eine Frage, die sich für Sie ergibt.
b Tauschen Sie sich zu zweit über Ihre Notizen aus. Sammeln und diskutieren Sie Fragen im Plenum.

2 Übernehmen Sie die Tabelle in Ihr Heft und notieren Sie möglichst ein Beispiel zu jedem der Begriffe, die im Infokasten unten erklärt werden. Ergänzen Sie Beispiele aus Ihrem Lebensumfeld.

Art der Mehrsprachigkeit	individuelle	territoriale	institutionelle	äußere	innere
Beispiele	…	…	…	…	…

Information **Facetten von Mehrsprachigkeit**

Besteht das Sprachrepertoire eines Individuums aus mehr als einer Sprache, spricht man von **individueller Mehrsprachigkeit**. Sind in einem Sprachgebiet mehrere Sprachen etabliert oder sogar offizielle Landessprachen, bezeichnet man dies als **territoriale Mehrsprachigkeit**. Mehrsprachigkeit in Verwaltungen oder anderen Institutionen nennt man **institutionelle Mehrsprachigkeit**.
Man unterscheidet zwischen innerer und **äußerer Mehrsprachigkeit**: Das Vorhandensein mehrerer Nationalsprachen fasst man unter **äußere Mehrsprachigkeit**. Beherrscht jemand mehrere Varietäten einer Sprache (Hochsprache, Dialekt, Fachsprache …), spricht man von **innerer Mehrsprachigkeit**.

Mehrsprachiger Spracherwerb – Ein Phänomen mit Material erschließen (1/3)

Ein junges polnisches Paar lebt seit acht Jahren in Deutschland. Beide sprechen gut Deutsch. Nun bekommen sie ihr erstes Kind und es soll zweisprachig aufwachsen. Die Eltern stellen sich Fragen:		
Sollte einer von uns mit dem Kind Deutsch sprechen?	☐ Ja, einer sollte Deutsch, einer Polnisch sprechen.	☐ Nein, beide sollten Polnisch sprechen.
Wenn unser Kind vor dem Eintritt in den Kindergarten noch nicht Deutsch spricht, sollten wir beide dann eine Zeit lang nur Deutsch mit ihm sprechen?	☐ Ja.	☐ Nein, sie sollten weiterhin Polnisch mit dem Kind sprechen.
Sollte unser Kind Deutsch möglichst mit immer denselben Personen sprechen?	☐ Ja, dies ist gerade am Anfang wichtig.	☐ Nein, damit es in vielen unterschiedlichen Zusammenhängen Deutsch hört.

1 **a** Beantworten Sie spontan die Fragen und kreuzen Sie Ihre Antworten an.
b Vergleichen Sie Ihre Ergebnisse in Partnerarbeit. Diskutieren Sie unterschiedliche Einschätzungen.

2 **a** Lesen Sie den folgenden Text. Überprüfen Sie nach der Lektüre Ihre Antworten zu Aufgabe 1.
b Notieren Sie Bedenken gegen Mehrsprachigkeit, die der Text ausräumt.

____

____

____

____

Deutscher Bundesverband für Logopädie e. V.: Typische Kennzeichen des Mehrspracherwerbs (2013)

Der Erwerb mehrerer Sprachen gleichzeitig oder auch nacheinander ist zwar bei jedem Menschen unterschiedlich, weist aber bestimmte Kennzeichen auf, die nachfolgend […] beschrieben werden.

Asynchronität des Verlaufs

Damit ist gemeint, dass die sprachliche Entwicklung im Falle von Bilingualität in einer Sprache manchmal schneller als in der anderen verläuft.

> „hier hab' ich ein Stühle" – konjugiertes Verb in Zweitstellung (Phase IV)
> „papa doing": Verb nicht konjugiert (Phase II)

Während im deutschen Satz das Verb bereits konjugiert wird, ist dies im englischen Beispiel noch nicht der Fall. Daher befindet sich das Kind in den beiden Sprachen in zwei unterschiedlichen Entwicklungsphasen (Phase IV bzw. Phase II). Der Spracherwerb mehrsprachig aufwachsender Kinder verläuft jedoch in der Regel nicht langsamer als der einsprachig aufwachsender Kinder, u. U. kann sich der Erwerb der einen Sprache sogar beschleunigend auf den Erwerb der anderen Sprache auswirken.

Metasprachliche Fähigkeiten

Die Kinder wissen oft schon sehr früh, dass sie unterschiedliche Sprachen erlernen, und teilen dies auch mit.

> Mutter: „In the KITA they call it ‚Frühstück', don't they?" Kind: „Und du heißt das ‚breakfast'."

Dem Kind ist bewusst, dass in der Kita eine andere Sprache gesprochen wird als zu Hause, gleichzeitig formuliert es diese Beobachtung in einer Art „Mischäußerung".

Mischäußerungen

Während des Spracherwerbs kommt es zu Mischäußerungen, d. h., die Kinder sprechen in einer Mischung aus Wörtern der unterschiedlichen Sprachen und/oder übertragen grammatische Regeln der einen in die andere Sprache (Interferenzen):

> „Sie haben gone away. "

Das Kind kombiniert das Personalpronomen und das Hilfsverb des Deutschen mit dem englischen Partizip Perfekt, die Wortordnung gilt für beide Sprachen, was die Kombination sicherlich erleichtert.

Mehrsprachiger Spracherwerb – Ein Phänomen mit Material erschließen (2/3)

Interferenzen

Beim Erwerb des Deutschen als Zweitsprache kommt es zu ganz typischen „Fehlbildungen“, die nicht mit „Sprachstörungen“ zu verwechseln sind :

- Verwechslung des Geschlechts, z. B. „die Auto“
- fehlerhafter Gebrauch von Präpositionen: „bei die Baum“ (statt: am Baum)
- Auslassungen von Artikeln: „auf Baum“

Wichtig:

Mischäußerungen und Interferenzen kann ein normal entwickeltes Kind im Laufe der Entwicklung entweder alleine oder aber mit Hilfe von Förderung bewältigen. [...]

Wie kann der Mehrspracherwerb unterstützt werden?

Ein Kind wird, egal ob es eine oder mehrere Sprachen erwirbt, immer von ähnlichen Verhaltensweisen Erwachsener profitieren (Unterstützung der Sprachfähigkeit), wobei die Qualität und Quantität des Inputs [...] von besonderer Bedeutung beim Erwerb mehrerer Sprachen sind: **Qualität** bedeutet, dass Eltern und andere Interaktionspartner, wie z. B. Verwandte oder Freunde, in der Sprache zu einem Kind im Spracherwerb sprechen, die sie am besten beherrschen.

Ein Kind, das zum Zeitpunkt des Kindergarteneintritts noch nicht die deutsche Sprache spricht und den Erstspracherwerb noch nicht abgeschlossen hat, sollte auf jeden Fall darin unterstützt werden, den Erstspracherwerb abzuschließen, d. h., seine Eltern sollten auch weiterhin in ihrer Muttersprache mit ihm sprechen.

Quantität bedeutet, dass ein Kind möglichst häufig die Sprachen anwenden kann, die es erwirbt.

Kinder sollten in den Kindergarten gehen, weil sie dort im Spiel mit anderen Kindern Sprache relativ mühelos erlernen können. Kinder sollten ihre deutschsprachigen Freunde außerhalb des Kindergartens zum Spiel treffen; diese Kontakte vervielfältigen das sprachliche Angebot.

Bei Kindern, die zum Kindergarteneintritt noch nicht die deutsche Sprache sprechen, sind Kindergärten optimal, in denen sowohl die bis dahin erworbene Sprache, z. B. Türkisch, als auch die deutsche Sprache angeboten wird, wobei Kinder und Erzieher mit der Erstsprache Türkisch und mit der Erstsprache Deutsch die Qualität des Inputs garantieren. [...]

Deutscher Bundesverband für Logopädie e. V. (2013): Mehrsprachiger Spracherwerb. Online unter http://www.dbl-ev.de/kommunikation-sprache-sprechen-stimme-schlucken/normale-entwicklung/mehrsprachiger-spracherwerb.html [11. 3. 2015]

3 Formulieren Sie zwei begründete Tipps für Eltern, deren Kinder mehrsprachig aufwachsen sollen, z. B.: *Sprechen Sie mit Ihrem Kind ..., denn ... / Sorgen Sie dafür ..., denn ...*

Mehrsprachiger Spracherwerb – Ein Phänomen mit Material erschließen (3/3)

4 Lesen Sie ergänzend das nachfolgende Interview. Markieren Sie Stellen, die Ihre Tipps unterstützen.

Interview (Jan Friedmann): „Das Gehirn lernt mehrere Sprachen gleichzeitig“ (2011)

Türkisch oder Deutsch, was sollen Einwandererkinder zuerst lernen? Nicht so wichtig, sagt Sprachforscherin Petra Schulz. […]

SPIEGEL: Kinder aus türkischen Familien haben meist zwei türkischsprachige Eltern. Wer soll ihnen dann früh korrektes Deutsch beibringen?

Schulz: Da ist das deutsche Bildungssystem gefordert. Das bringt mehr, als den Eltern Sprachvorschriften zu machen. Der beste Ort für den Spracherwerb ist der Kindergarten.

SPIEGEL: Sie beschreiben den Idealfall. Viele Migrantenfamilien schicken ihre Kinder gar nicht in den Kindergarten.

Schulz: Das ist ein Mythos. Immerhin 84 Prozent aller Kinder mit Migrationshintergrund im Alter zwischen drei und sechs Jahren sind in einer Tagesbetreuung, gegenüber 96 Prozent bei den Nicht-Migranten. Wenn Kinder im Alter von drei Jahren beginnen, Deutsch zu lernen, stehen die Chancen nicht schlecht. […]

SPIEGEL: Sind es nach Ihrem Modell nicht die Kinder, die durch ständigen Sprachwechsel verunsichert werden, sodass sie gar kein Idiom mehr richtig beherrschen?

Schulz: Leider geistert die Mär von der doppelten Halbsprachigkeit noch immer durch Politik und Pädagogik. Wer mit zwei Sprachen aufwächst, wechselt bald problemlos hin und her, genau wie ein Dialektsprecher, der die Standardsprache erwirbt. […]

SPIEGEL: Und wie erklären Sie das kuriose Kauderwelsch aus beiden Sprachen, das oft von zweisprachigen Jugendlichen zu hören ist?

Schulz: Das mag vielleicht ein Deutscher, der das in der U-Bahn hört, fürchterlich finden. Aber wir Sprachwissenschaftler betrachten das eher als eigenen Stil oder Code. Die Jugendlichen mischen ja nicht, weil ihnen die Wörter fehlen würden, um durchgängig in einer Sprache zu sprechen. Sie setzen das bewusst als Stilmittel ein. […]

Jan Friedmann: Deutsch-Türkisch-Streit: „Das Gehirn lernt mehrere Sprachen gleichzeitig“. SPIEGEL Online, 10. 3. 2011 http://www.spiegel.de/schulspiegel/wissen/deutsch-tuerkisch-streit-das-gehirn-lernt-mehrere-sprachen-gleichzeitig-a-748786.html [11. 3. 1015]

5 Visualisieren Sie die wesentlichen Textinformationen.

Mehrsprachiger Spracherwerb

Typische Kennzeichen

Möglichkeiten der Unterstützung

Code-Switching – Das Spiel der Mehrsprachigen analysieren (1/2)

I. Murat Güver: Fühle mich Berbat

Fühle mich Berbat
Bir eksiklik hissediyorum,
Unzufriedenim.
Kann mich für nichts begeistern,
Fühle mich huzursuz.
Anlatamıyorum derdimi
In meiner Muttersprache.
Verklemmt zwischen zwei Kulturen,
Wer bin ich? Bilmiyorum!

Übersetzung des Gedichts:

Fühle mich miserabel
Ich vermisse etwas,
Bin unzufrieden.
Kann mich für nichts begeistern,
Fühle mich unbehaglich.
Ich kann nicht erzählen, was ich habe
In meiner Muttersprache.
Verklemmt zwischen zwei Kulturen,
Wer bin ich? Ich weiß nicht!

II. Zwei Schüler an der Bushaltestelle:

A: Otobüse binecek miyiz?
B: Ich weiß nicht.
A: Lan, bugün zaten öğretmen kızmıştı bize.
B: Echt, oder?
A: He, der Busfahrer ist ein Sack, hey!
B: He, he, he, valla, he, he.
A: Der kommt immer zu spät, he.
B: Otobüsün dolu olmasına çok gıcık oluyom, hey Mann, geh, voll!

I und II zitiert nach: Burkhard Straßmann: Isch Thomas Mann. In: DIE ZEIT 27/2014

Information **Code-Switching**

Von **Code-Switching** spricht man, wenn Sprecher/innen, die mehrere Sprachen beherrschen, innerhalb eines Gespräches, oft sogar innerhalb eines Satzes, zwischen den Sprachen wechseln. Der Wechsel kann unbewusst stattfinden, etwa weil einem ein Wort in der gerade gesprochenen Sprache fehlt. Er kann aber auch funktional verwendet werden, um Äußerungen zu markieren oder bestimmte Zuhörer/innen auszuschließen.

1 **a** Markieren Sie in den Beispielen oben die Stellen, an denen Code-Switching stattfindet.
b Entwickeln Sie Thesen dazu, warum gerade an diesen Stellen die Sprache gewechselt wird.
c In welchen Zusammenhängen nehmen Sie selbst Code-Swiching wahr oder wenden es an?

2 **a** Lesen Sie den Text „Isch Thomas Mann“ unten und erklären Sie die Wahl des Titels.
b Erläutern Sie: Wie wurde das Code-Switching früher bewertet und was hat sich geändert?
c Notieren Sie, welche Funktionen die Wissenschaft dem Code-Switching zuschreibt. Welche davon finden sich in den Beispielen oben?

3 **a** „Babo-Deutsch und Goethe-Deutsch“ (folgender Text, Z. 78) – Erläutern Sie, inwiefern diese Äußerung des BILD-Kolumnisten als Kritik am Code-Swiching verstanden werden kann.
b Diskutieren Sie, inwieweit Sie Code-Switching als Sprachbereicherung sehen.

4 Versuchen Sie einen Dialog oder ein Gedicht mit Code-Switching zu schreiben. Wählen Sie zwei Sprachen, die Sie beherrschen.

Burkhard Straßmann: Isch Thomas Mann (2014)

Ein Mix aus Deutsch und Türkisch galt lange als Indiz für mangelnde Integration. Doch die Sprachforschung denkt um.

[…] Wer es nicht versteht, kann diese deutsch-türkische Wörtersuppe für anrüchig halten, wie alle Sprachen, die Jugendliche entwickeln, um sich von Eltern, Lehrern oder Polizisten abzugrenzen. Die üblichen Reaktionen auf dieses seltsame Sprachgemisch, das man auf der Straße, in der U-Bahn oder auf dem Schulhof hört, fallen entsprechend ablehnend aus. „Schlechtes Deutsch“ sei das, ein Hinweis auf mangelnde Integration. […]

Code-Switching – Das Spiel der Mehrsprachigen analysieren (2/2)

Doch man kann dieses Mischen auch ganz anders sehen. Etwa so wie Volker Hinnenkamp, Professor für Interkulturelle Kommunikation an der Hochschule Fulda, der Hunderte solcher Gespräche von Jugendlichen aufgezeichnet, gesammelt und untersucht hat. Dabei hat der Sprachforscher mehr und mehr Respekt entwickelt gegenüber dem „atemberaubenden Tempo“, in dem hier deutsche und türkische Gedanken und Satzteile miteinander verbunden werden. „Es ist eine Leistung“, sagt Hinnenkamp, „zwei hochkomplexe und von der Sprachstruktur grundlegend verschiedene Sprachen zu integrieren.“

Code-Switching verlangt viel Hirnschmalz

Seine Ansicht markiert eine Trendwende. Lange betrachtete die Linguistik das Vermischen von Sprachen als Ausdruck eines Defizits, als „doppelte Halbsprachigkeit“ oder „unzureichende Zweitsprachenkompetenz“ der jeweiligen Sprecher. Dabei gab es kaum wissenschaftliche Arbeiten zu dem Phänomen. Das hat sich geändert. „Code-Switching“ wird dieser Wechsel von einer Sprache in die andere heute genannt, nach dem englischen Verb für „Umschalten“. [...]

Aber warum und wann wechseln diese Jugendlichen von der einen zur anderen Sprache? [...]

Die wissenschaftliche Analyse gemischter Gespräche zeigt, dass für das Switchen zahlreiche unterschiedliche Motive verantwortlich sein können. Auslöser kann zum Beispiel ein „Fremdwort“ aus der anderen Sprache sein – schon geht es in dieser weiter. Manchmal weiß der Sprecher auch in einer Sprache nicht weiter. Oder er erleichtert sich das Reden, indem er grammatisch schwierige Konstruktionen der einen Sprache durch Umschalten umschifft. Oder man passt sich dem Vorredner an. Manchmal hat der Mischsprecher auch einfach Unfug im Sinn. Man kennt ein solches Sprachverhalten auch beim Dialekt: Der plötzliche Wechsel in die Hochsprache kann eine Erzählung spannender machen oder einen Gefühlswechsel anzeigen.

Hinnenkamp, der schon vor 14 Jahren Studien über Straßenbahngespräche veröffentlicht hat, hält Switchen für viel mehr als eine Verlegenheitslösung oder eine Möglichkeit, klandestine[1] Botschaften auszutauschen. Ihm zufolge ist es ein subtiles Werkzeug der Kommunikationssteuerung: Wer so spricht, kann Anwesende aus- oder einschließen. Das Erleben einer gemeinsamen (Sprech-)Kultur verschaffe den Dazugehörigen dabei so etwas wie ein Heimatgefühl.

In den sozial schwachen Milieus der Großstädte spendet das Switchen Prestige. Der Mischer demonstriert, dass er sich in zwei Sprachen auskennt und sich eine eigene, dritte basteln kann. Das verschafft street credibility, auf gut Deutsch: eine akzeptable Position auf der Straße. Regelrecht zu seinem Markenzeichen hat der Offenbacher Rapper Haftbefehl das Mischen gemacht. Sein Song *Chabos wissen, wer der Babo ist* darf als Mischerhymne gelten, nach der man Jugendlichen kaum noch erklären muss, dass Babo der Chef und Chabos die Jungs sind. [...]

Ausdrücke wie der besagte Babo sind schon so populär, dass der Langenscheidt Verlag 2013 die – aus Bosnien stammende – Vokabel zum Jugendwort des Jahres kürte. Woraufhin der Chefkolumnist der Bild, Franz Josef Wagner, erklärte: „Ja, wir sind ein Zweisprachenland: Babo-Deutsch und Goethe-Deutsch.“

[...]

Das Comedy-Subgenre Kiez-Migranten hat jede Menge Begriffe und Sprüche popularisiert. Beliebt ist auch die Anwendung der türkischen Grammatik auf die deutsche Sprache: „Isch geh Aldi.“ Oder: „Hey Lan, isch geb dir konkret Handy.“ Die Sprachforscher Peter Auer aus Freiburg und İnci Dirim aus Wien diagnostizieren in ihrem Buch *Türkisch sprechen nicht nur Türken* einen „überraschenden, ungesteuerten Türkischerwerb und -gebrauch“ bei Hamburger Jugendlichen.

Nun ist „Hey Lan, was geht?“, streng genommen, kein Beispiel für Code-Switching. Man schaltet ja nicht wirklich um, sondern streut bloß Material aus der einen in die andere Sprache. Doch die Grenze zwischen Code-Switching und Code-Mixing ist fließend. [...]

Während man bei dem korrekten deutschen Satz „Ich gehe in das Kino“ schon zu Beginn Präposition und Geschlecht bedenken muss, bevor man zum Punkt (Kino) kommt, erfordert „Isch geh Kino“ deutlich weniger Aufwand. Natürlich erkauft man sich damit eine gewisse Uneindeutigkeit, wie die Aussage „Isch Thomas Mann“ zeigt. Korrekt übersetzt bedeutet das: „Ich bin in der Thomas-Mann-Straße. “ [...]

Burkhard Straßmann: Isch Thomas Mann. In: DIE ZEIT 27/2014

[1] **kladestin:** geheim

Beispiel Schweiz – Kontroversen zur territorialen Mehrsprachigkeit erörtern

Präambel

Im Namen Gottes des Allmächtigen!
Das Schweizervolk und die Kantone,
in der Verantwortung gegenüber der Schöpfung,
im Bestreben, den Bund zu erneuern, um Freiheit und Demokratie, Unabhängigkeit und Frieden in Solidarität und Offenheit gegenüber der Welt zu stärken,
im Willen, in gegenseitiger Rücksichtnahme und Achtung ihre Vielfalt in der Einheit zu leben, […]
geben sich folgende Verfassung: […]

Bundesverfassung der Schweizerischen Eidgenossenschaft (Stand: 18. 5. 2014) http://www.admin.ch/opc/de/classified-compilation/19995395/index.html#a8 [17. 3. 2015]

Schweiz: Als Hauptsprachen genannte Sprachen (2013)

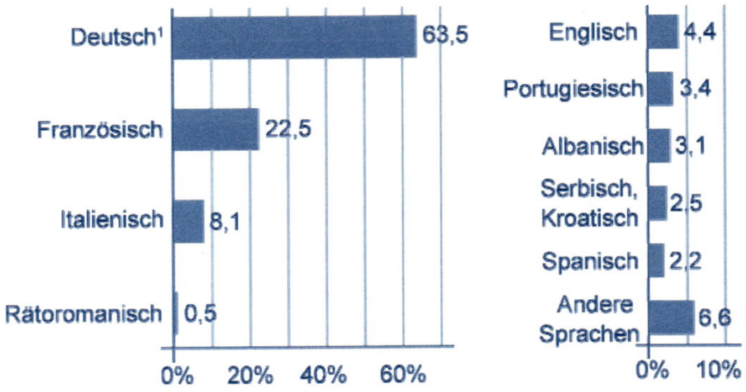

1 oder Schweizerdeutsch

Ständige Wohnbevölkerung, die in Privathaushalten lebt.
Die Befragten konnten mehrere Sprechen angeben.

BFS, Neuchatel 2015

1 **a** Werten Sie die Materialien oben aus. Inwieweit sehen Sie die Sprachenvielfalt der Schweiz in der Präambel der schweizerischen Bundesverfassung gespiegelt?
b Die Schweiz hat vier Amtssprachen. Nennen Sie Beispiele dafür, was das konkret bedeutet.
c Stellen Sie Vermutungen über die Auswirkungen der Vielsprachigkeit im Alltag an (Medien, Schule …).

2 **a** Lesen Sie den Text unten. Formulieren Sie die Frage, um die es in der erwähnten Diskussion geht.
b Notieren Sie die Argumente, die im Artikel für die konträren Auffassungen genannt werden.
c Begründen Sie in einem Leserbrief einen Standpunkt zu der Frage: Soll die erste Fremdsprache für schweizerische Kinder Englisch oder eine der Landessprachen der Schweiz sein?
d Recherchieren Sie die Situation in einem anderen mehrsprachigen Gebiet, z. B. Belgien, Katalanien, Florida oder Schleswig-Holstein.

Wolfgang Koydl: Mär vom Paradies der Sprachen (2014)

[…] Zu den oft gerühmten Vorzügen der Schweiz gehört ihre Mehrsprachigkeit: Deutsch, Französisch, Italienisch und Rätoromanisch koexistieren friedlich und gleichberechtigt. Auf Schulbänken in Lausanne, Luzern oder Lugano büffelt man das Idiom des jeweils anderen Eidgenossen – ein Volk polyglotter Brüder und natürlich auch Schwestern.

So weit die Theorie. Die Praxis freilich sah stets viel trüber aus, und wenn sich Schulreformer im deutschen Teil der Alpenrepublik durchsetzen, wird es in Zukunft um die Mehrsprachigkeit noch schlechter bestellt sein. Vor Kurzem hat das Parlament des Kantons Schaffhausen beschlossen, in Grundschulen nur noch eine Fremdsprache zu unterrichten. Heute sind es zwei, Englisch und Französisch, doch nach dem Stand der Dinge wird Französisch wegfallen, da Englisch als wichtiger für den internationalen Diskurs erachtet wird.

Dies ruft den Unmut und den Ärger der Westschweizer hervor. Denn vom Schaffhauser Votum wird wohl ein Signal ausgehen an andere Kantone, in denen das Zweisprachenprinzip ebenfalls umstritten ist. In Basel-Land, Nidwalden, Zug, Graubünden, Luzern und im Thurgau stehen demnächst Volksinitiativen oder Parlamentsentscheide zum Thema an. Oft unterstützen Lehrer oder ganze kantonale Lehrerverbände die Beschränkung auf eine Sprache, was eine Annahme solcher Vorschläge wahrscheinlicher macht. Sie argumentieren, dass viele Kinder mit zwei Sprachen überfordert seien. Es reiche, wenn die zweite Fremdsprache erst in der Oberstufe unterrichtet werde. […]

Das Thema der Mehrsprachigkeit ist in der Schweiz politisch und emotional stark aufgeladen, schließlich definiert sich die Eidgenossenschaft nicht unwesentlich über das Zusammenleben ihrer verschiedenen Kulturen. […] Aus Gründen der Staatsräson müsste Französisch erste und einzige Fremdsprache an deutschschweizer Schulen sein. […]

Wolfgang Koydl (23. 2. 2014): Mär vom Paradies der Sprachen. http://www.sueddeutsche.de/politik/schweiz-maer-vom-paradies-der-sprachen-1.1895658 [10. 3. 2015]

Çok dillilik oder Mihsprochischkät – Ein Miniprojekt zu Mehrsprachigkeit

Köln: Einwohner/innen ohne deutschen Pass nach Herkunftsländern (2012)

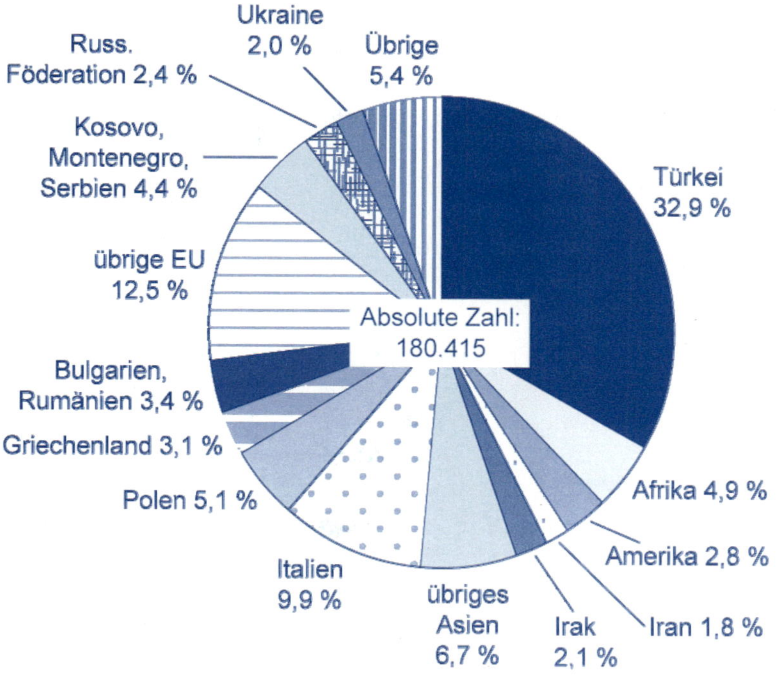

Nach: Kölner Statistische Nachrichten 4/2013, S. 31. http://www.stadt-koeln.de/mediaasset/content/pdf15/statistisches_jahrbuch_k%C3%B6ln_2013.pdf [27. 3. 2015]

Plakat zum Thema „Mehrsprachigkeit in Köln“

1 a „Köln ist eine mehrsprachige Stadt.“ Notieren Sie möglichst unterschiedliche Belege für diese Aussage.

b Erläutern Sie, welche Aspekte von Mehrsprachigkeit durch die Visualisierungen oben (nicht) erfasst sind.

c Plakate wie das oben abgebildete konnten bei einem Wettbewerb der Stadt Köln zur Sprachenvielfalt gestaltet werden. Stellen Sie Vermutungen darüber an, welche Wirkung man sich von der Aktion erhoffte.

2 Führen Sie ein Miniprojekt zu einem der folgenden Themen durch: „Mehrsprachigkeit in unserer Stadt“ oder „Mehrsprachigkeit an unserer Schule“. Nutzen Sie die folgenden Hinweise.

Projekt zum Thema Mehrsprachigkeit

1. Wählen Sie die Projektform:

Datenprojekt: Sie erheben Daten und stellen diese grafisch dar (vgl. Diagramm oben).
Plakatprojekt: Sie stellen „Mehrsprachigkeit“ grafisch dar (vgl. Plakat oben).

2. Legen Sie den Adressatenkreis fest:

Überlegen Sie, in welchem Rahmen Sie Ihre Ergebnisse vorstellen möchten: einem Parallelkurs, der Schulöffentlichkeit (Abendtermin, Tag der offenen Tür, Ausstellung in der Pause, Schul-Homepage …).

3. Klären Sie bei einem Datenprojekt folgende Fragen:

- Welche Daten könnten für die Adressaten Ihres Projektes interessant sein?
- Was genau verstehen Sie unter Sprache / unter Mehrsprachigkeit?
- Mit welchen Fragen können die gewünschten Daten auf einfache Weise erhoben werden? Wie kann man z. B. danach fragen, ob jemand mehrsprachig ist?
- Wie müssen Anzahl und Auswahl der Befragten beschaffen sein, um aussagekräftige Daten zu erhalten?
- Mit welchen Verfahren können Sie die Daten erfassen und visualisieren?
- Wie können Sie die Ergebnisse inhaltlich klar und optisch ansprechend darstellen?

Innere Mehrsprachigkeit – Varietäten zuordnen

1

Unter Stilwandel wird demnach verstanden: synchronisch oder metachronisch beschreibbarer Verlust oder Gewinn pragmatischer (perlokutiver) Markiertheit von dem stilistisch handelnden Subjekt jeweils verfügbaren sprachlichen bzw. semiotischen Instrumentarien […].

Aus dem Begleittext zur 30. Jahrestagung des Instituts für deutsche Sprache, zit. nach: Wolf Schneider: Deutsch. Reinbek bei Hamburg: Rowohlt 2005, S. 178

2

Ein bissen Demut isch jetz au ganz gut.

Fußballbundestrainer Joachim Löw nach dem 7:1 gegen Brasilien im WM-Halbfinale 2014

3

Der Kunde verpflichtet sich, die auf der Grundlage dieses Mobilfunkvertrags erhaltene(n) SIM-Karte(n) ausschließlich zur Nutzung der vertraglich vereinbarten Dienstleistungen als Endkunde zu gebrauchen.

Aus den Allgemeinen Geschäftsbedingungen eines Handyanbieters

4

Gehst du Bahnhof oder bist du mit Auto?

Gymnasiastin (Muttersprache: Deutsch) zu Freundinnen (vgl. S. 30, Z. 3 f.)

5

HEUTE ABEND BOCK AUF 'NE RUNDE BILDSCHIRMLABERN?

Kurznachricht einer 13-Jährigen an ihre Freundin

6

Diversity Management. Erfolgsfaktoren bei der Implementierung

Buchtitel

7

Wat woll'n Se? Glauben Sie, da ist ne Karnevalstruppe unter den besten sechzehn Mannschaften? Sollen wir wieder schön spielen und ausscheiden?

Fußballnationalspieler Per Mertesacker in einem TV-Interview nach dem 2:1 gegen Algerien im WM-Achtelfinale 2014

8

Chabos wissen, wer der Babo ist

Song des deutsches Rappers „Haftbefehl"

1 Die Zitate sind Beispiele für Sprachvarietäten – für welche? Schreiben Sie die Nummern der Zitate neben die entsprechenden Varietäten im Infokasten unten. Auch Mehrfacheintragungen sind möglich.

Information **Innere Mehrsprachigkeit: Varietäten innerhalb einer Sprache**

Eine Nationalsprache tritt in vielen verschiedenen Varietäten auf. Sie lassen sich zum Beispiel in dieser Form systematisieren:

Sozial variiert: Soziolekt
z. B.: Mittelschichtscode, Black English, Jugendsprache

↑

Situativ variiert: Register
z. B.: Eltern – Kinder, Angestellte – Vorgesetzte, Schüler/innen – Lehrer/innen

← **Sprachvarietäten neben der Standardsprache** →

nach: Hadumod Bußmann: Lexikon der Sprachwissenschaft. Stuttgart: Kröner 1990

Funktional variiert: Fach-, Sondersprachen
z. B.: Medizinersprache, Jägersprache, Mediensprache

↓

Geografisch variiert: Dialekte, Regiolekte, Stadtsprachen
z. B.: Bairisch, Ruhrdeutsch

Dialekt: Hemmschuh oder Vorteil? – Eine kontroverse Frage erörtern

Kirstin von Elm: Der Dialekt als Karrierebremse? (2012)

[…] Die junge Bankangestellte hatte gute Manieren und beste Noten. Doch ihren Wunsch, ins Vermögensmanagement der Bank zu wechseln, ignorierte der Chef. Denn das Nachwuchstalent sächselte, was nach Ansicht des Bankleiters die betuchte Hamburger Kundschaft zu sehr irritieren würde – obwohl diese doch selbst gern mal über den spitzen Stein stolpert.
Begebenheiten wie diese bekommt die Hamburger Kommunikationsexpertin Isabel Garcia regelmäßig zu hören. „Mit einem ausgeprägten Dialekt schwächen Sie im beruflichen Umfeld schnell Ihre Position", sagt die Sprachtrainerin und Hörbuch-Autorin. Wer sächselt, schwäbelt oder berlinert, muss damit rechnen, von seinen Gesprächspartnern nicht für voll genommen zu werden […]. Für viele Menschen gehört gepflegtes Hochdeutsch genauso zur Job-Etikette wie gepflegte, angemessene Kleidung. Ein breiter Dialekt wirkt dagegen tendenziell nachlässig. […]
„Die vordergründige Gesprächskompetenz entscheidet heute oft über Karrieren", bestätigt Karriereberater Thomas Röbel vom Büro für Berufsstrategie Hesse/Schrader. Angesichts der stetig ansteigenden Informationsflut werde immer stärker unbewusst anhand von schnell wahrnehmbaren Äußerlichkeiten vorsortiert: Wem höre ich zu? Wen kann ich verstehen? Wem glaube und vertraue ich? […]
Nicht nur privat, sondern auch beruflich kann ein gemeinsamer Dialekt [aber] auch förderlich wirken, beispielsweise, wenn ein Therapeut, ein Verkäufer oder ein Anwalt Nähe und Vertrauen zu einem Kunden aus derselben Region aufbauen möchte.
Auch Isabel Garcia geht es keineswegs darum, Dialekte auszumerzen. „Die Aussprache ist ein schöner Bestandteil der Sprache, den wir bewusst einsetzen sollten", sagt sie. In vielen Jobs werden heute Fremdsprachenkenntnisse verlangt – wer nicht nur Hochdeutsch, sondern auch noch einen Dialekt perfekt beherrscht und nach Belieben damit spielen kann, der ist klar im Vorteil.

Kirstin von Elm (2012): Der Dialekt als Karrierebremse? http://www.abendblatt.de/wirtschaft/karriere/article2190180/Lokalkolorit-Der-Dialekt-als-Karrierebremse.html [15. 3. 2015]

Simone Blaß: Kinder mit Dialekt: Sprachbegabte oder Dorfdeppen? (2011)

Langsam aber sicher gewinnen die Dialekte wieder Oberhand. Lange Zeit verpönt, haben sie es aber auch heute noch schwer, komplett anerkannt zu werden. Zu tief sitzen manche Vorurteile. Zu tief aber auch die Ängste von Eltern und Lehrern, der Dialekt könnte einem Kind später einmal in seiner beruflichen Laufbahn schaden. Doch eine Mundart ist mehr als nur romantisch und folkloristisch. Sie ist unter anderem eine perfekte Eintrittskarte für den Erwerb weiterer Sprachen.
Wer eine Mundart beherrscht, verfügt über einen größeren Wortschatz, kennt mehrere Begriffe für ein und dasselbe. [...] Vereinfacht gesagt ist das Gehirn es dann nämlich schon gewöhnt, dass etwas teils völlig verschiedene Wörter zugeordnet bekommt. „Mehrsprachiges Wissen, also auch das Wissen, das sich aus dem Verwenden von Dialekt und Hochsprache ergibt, hat enorme Vorteile für ein Kind", so Professor Wolfgang Schulze, Dialekt-Experte an der Münchner Uni. Die vielfältigeren Möglichkeiten, seinen Gedanken Ausdruck zu verschaffen, sind nur ein Beispiel. Ein anderes ist die Tatsache, dass ein Abstand in der Wahrnehmung der Hochsprache entsteht. „Hierdurch wird dem Kind viel plastischer klar, was eigentlich die Strukturen der Hochsprache ausmacht und wie diese bewusster eingesetzt werden können. Wodurch das Sprachverständnis an sich erheblich verstärkt wird und damit auch der Fremdsprachunterricht verbessert werden kann." Der Effekt ist dabei übrigens umso größer, je stärker der Dialekt vom Hochdeutschen abweicht. [...]
Das bedeutet [auch], dass zweisprachige Kinder, also auch solche, die sowohl einen Dialekt als auch das Hochdeutsche beherrschen, ihre Fähigkeiten stärken und ihre Gefühle genauer ausdrücken können. Das Schlagwort hier: Dialekt macht schlau!

Simone Blaß (24. 6. 2011): Kinder mit Dialekt: Sprachbegabte oder Dorfdeppen? http://www.t-online.de/eltern/erziehung/id_47445690/kinder-mit-dialekt-sprachbegabte-oder-dorfdeppen-.html [15. 3. 2015]

---

1 **a** Markieren Sie in beiden Texten die Argumente, die für und gegen die Dialektverwendung genannt werden. Erläutern Sie diese und ergänzen Sie eigene Beispiele zur Veranschaulichung.
b Den situativen Wechsel zwischen Varietäten einer Sprache nennt man Registerwechsel. Erörtern Sie, welche Bedeutung es für Dialektsprecher hat, zwischen Registern wechseln zu können.
c Erörtern Sie, ob bzw. inwiefern eine Stärkung des Dialekts in der Schule wünschenswert ist.

Vom Dialekt zum Regiolekt – Sprachentwicklungen untersuchen

Bezeichnungen:

© *Brilliant Eye – Fotolia.com*

Bezeichnungen:

© *tom – Fotolia.com*

1 **a** Tragen Sie neben den Fotos alle Ihnen bekannten Bezeichnungen für das Abgebildete ein.
b Vergleichen Sie Ihre Eintragungen mit den Bonner Daten zum Wort *Murmeln* (→ Diagramm): Welche Ihrer Bezeichnungen dürfte ein Wort aus einem Regiolekt (→ Information) sein?
c Sammeln Sie Wörter und Merkmale des in Ihrer Region gebräuchlichen Regiolekts.

2 **a** Lesen Sie das Interview mit der Germanistin Alexandra Lenz. Welche Gründe für einen Wandel vom Dialekt zum Regiolekt führt sie an?
b Deuten die Daten aus Bonn auf ein Dialektsterben hin? Begründen Sie Ihre Ansicht.

Nach Generationen verwendete Begriffe für „Murmeln" in Bonn

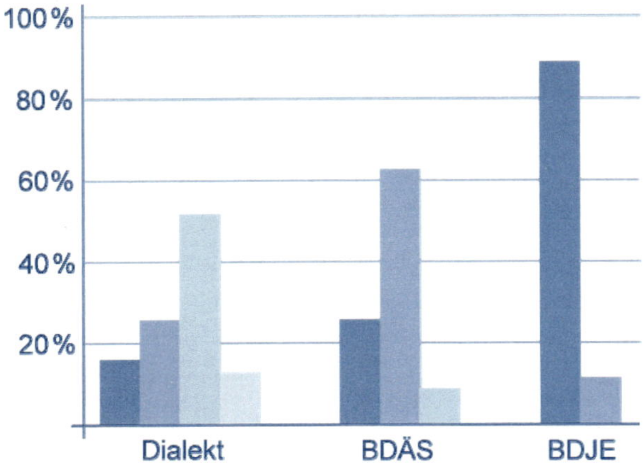

Murmeln | Kniggele
Klicker | Ömmesse

Dialekt: Sprecher des Bonner Dialekts Bönnsch
BDÄS: ältere Sprecher des Bonner Deutsch
BDJE: jüngere Sprecher des Bonner Deutsch

Nach Katharina Rempel: Bonn, Bönnsch, Bonner Deutsch: Sprachliche Vielfalt in der Bundesstadt. Stadtmuseum Bonn, 2013

„Regiolekte verdrängen Dialekte" (2012)

Aus einem Interview von Marlene Nowotny (science. ORF.at) mit der Dialektologin Alexandra Lenz:

science.ORF.at: [G]ibt es nicht immer weniger Dialekte?

Lenz: Es ist nicht so, dass das regionale Sprechen aufhört, aber vielleicht hört das lokal markierte Sprechen auf. Also, dass jeder Ort seine lokalen, exklusiven Merkmale aufweist. Dass Sprache etwas ist, was sich verändert, steht ohne Zweifel fest. Es geht hin zu großräumigen Formen des regionalen Sprechens, von Dialekten hin zu Regiolekten.

science.ORF.at: Welche Rolle spielen die Medien – das Fernsehen, der Hörfunk – bei der Veränderung der Sprache?

Lenz: Insbesondere bei der Oralisierung, im Bereich der Mündlichkeit haben auditive Medien einen enormen Einfluss. Bevor es auditive Medien gab, war der Interpretationsraum noch viel größer, wie ich denn bestimmte Buchstabenkombinationen ausspreche. […]

Marlene Nowotny (10. 2. 2012): „Regiolekte verdrängen Dialekte". http://science.orf.at/stories/1694373/ [15. 3. 2015]

Information **Regiolekt**

Als **Regiolekt** bezeichnet man eine dialektal gefärbte Umgangssprache, die insbesondere durch bestimmte Aussprachemerkmale geprägt ist (Köln: *sch* statt *ch*; Berlin: *k* statt *ch*). Daneben gibt es Wörter, die in einer größeren Region verwendet und von Menschen aus anderen Gegenden verstanden werden, z. B. *Speicher* (West-/Süddeutschland für *Dachboden*). Die Abgrenzung innerhalb des Kontinuums **Dialekt – Regiolekt – Umgangssprache – Standardsprache** ist oft schwierig.

Regiolekte in der Gebärdensprache – Sprachvarietäten deuten

© *tagesschau.de*

1 Erläutern Sie, inwiefern das Bild aus dem ARD-Nachrichtenmagazin *Tagesschau* zum Thema „Innere Mehrsprachigkeit" passt.

2 a Lesen Sie den Text über Dialekte in der Gebärdensprache. Erklären Sie, inwiefern es hier um Regiolekte geht.
b Stellen Sie Vermutungen an, warum die Gebärdensprache erst so spät als Sprache anerkannt wurde.
c Versuchen Sie die bairische Gebärde für „Wurst" zu erklären.

3 Wilhelm von Humboldt vertrat die These, in jeder Sprache zeige sich eine „Weltansicht", also eine spezifische Sicht auf die Welt. Erläutern Sie, inwieweit dies für die Gebärdensprache zutrifft.

4 Diskutieren Sie, warum in den USA die Gebärdensprache auch von Hörenden gelernt wird, und ob dies Ihrer Ansicht nach auch in Deutschland wünschenswert wäre.

Daniel Frick: Dialekte in der deutschen Gebärdensprache: Haareschneiden oder Wurst essen? (2007)

Dass ein Friese oft Schwierigkeiten hat, einen Oberbayern zu verstehen, ist nicht neu. Dass es diese Dialektprobleme aber auch bei Gehörlosen gibt, ist zumindest auf den ersten Blick überraschend. Aber auch in der Gebärdensprache gibt es zwischen Bayern und Friesen Verständnisprobleme.

Ein freundlicher gehörloser Münchener bietet einem gehörlosen Hamburger ein Würstchen an. Der Hamburger wird sich unter Umständen wundern, warum der Bayer ihm empfiehlt, zum Frisör zu gehen. Die Wurst wird im Süden und Norden unterschiedlich beschrieben. Die Bayern führen Zeige- und Mittelfinger ans Ohr. Der Norddeutsche beschreibt dagegen die Wurst mit einem leichten wurstförmigen Bogen vor der Brust. […]

© Petra Ballhorn, Berlin

Die Gebärde für das Wort „Wurst" in München erinnert einen Hamburger ans Haareschneiden.

Die Gebärdensprache war in Deutschland lange Zeit verpönt. Die Pädagogen im 19. Jahrhundert setzten auf so genannte Oralität. Sie versuchten, den Gehörlosen Lippenlesen und Sprechen beizubringen. Für Gebärden gab es mit dem Rohrstock auf die Finger. Mitte des 20. Jahrhunderts wurde mehr und mehr mit Gebärden gearbeitet. Erst seit 2002 sei die deutsche Gebärdensprache als allgemeine Sprache anerkannt, erklärt Christoph Heesch vom Gehörlosenverband Hamburg. Sie hat eine eigene Grammatik, die deutschlandweit einheitlich ist. Nur bei den Zeichen, die mit den Händen ausgeführt werden, und der dazugehörenden Gestik und Mimik gibt es Unterschiede […].

Ein Beispiel: Die Gebärden für Wochentage sind in Nord- und Süddeutschland komplett verschieden. Der Sonntag wird im katholischen Süden mit einer betenden Hand vor der Brust beschrieben, im Norden wird sich mit der flachen Hand an der Brust runtergestrichen. Eine Gebärde, die für feine Sonntagshemden stehen soll. […]

Dass sich in Deutschland in den nächsten Jahren eine einheitliche Gebärdensprache ausbilde, sei eher unwahrscheinlich, meint Christoph Heesch. Die gibt es aber zum Beispiel in den USA. Hier wurde in den sechziger Jahren eine American Sign Language (ASL) entwickelt, die auch unter amerikanischen Hörenden eine beliebte Fremdsprache ist. Davon ist Deutschland noch entfernt.

Daniel Frick (2007): Dialekte in der deutschen Gebärdensprache: Haareschneiden oder Wurst essen? http://www.tagesschau.de/inland/meldung5338.html [12. 3. 2015]

Og co snackst tu? – Minderheitensprachen betrachten

Übersetzung des Satzes „Die Würde des Menschen ist unantastbar“ (Grundgesetz, Artikel 1) in vier Minderheitensprachen in Deutschland

Übersetzungen	Sprachen
A) E wjardihäid foon e mansche mätj ai önjgram wårde.	Dänisch
B) O digniteto le manušesko naj ulavimasko.	(Nord-)Friesisch
C) Den menneskelige værdighed er ukrænkelig.	(Nieder-)Sorbisch
D) Dostojnosć luźa jo njedotykliwa.	Romanes

1 Versuchen Sie die Übersetzungen den vier aufgeführten Minderheitensprachen in Deutschland zuzuordnen.

Nicole Kleindienst: Og co snackst tu? – Und was sprichst du? (2013)

Og co snackst tu? – Versteht ihr diese Frage? Wahrscheinlich nicht, denn es handelt sich um eine Mischung aus vier verschiedenen Sprachen. Es sind genau die vier Sprachen, die in Deutschland als Minderheitensprachen geschützt werden und deren Sprecher auch als Minderheiten anerkannt werden: Dänisch, Nord- und Saterfriesisch, Romanes sowie Ober- und Niedersorbisch. Bei diesen Minderheitensprachen spricht man auch von Regionalsprachen, zu denen zusätzlich noch das Niederdeutsche gezählt wird. Auch als Plattdeutsch bekannt wird es in Deutschland ebenso geschützt.

Welche Sprachen geschützt werden, legt die Europäische Charta der Regional- und Minderheitensprachen fest. Diese gibt es seit 20 Jahren. Die Bundesrepublik war eine der ersten Unterzeichner – in Kraft trat die Charta in Deutschland jedoch erst 1999. Seitdem werden die geschützten Sprachen aktiv gefördert. Immer mehr werden sie im öffentlichen Leben benutzt sowie an Schulen unterrichtet. Auch diverse kulturelle Tätigkeiten bestimmen diese Minderheiten- und Regionalsprachen. […]

Nicole Kleindienst (2013): Og co snackst tu? – Und was sprichst du? http://www.mitmischen.de/diskutieren/topthemen/politikfeld_kultur/minderheitensprachen/fotoreportage_minderheitensprachen/index.jsp [3. 3. 2015]

Jan Ludwig: Minderheitsverbände gegen Deutsch als Amtssprache (2010)

[…] Berlin – „Dass Deutsch jetzt zur Amtssprache erklärt werden soll, ist völlig überflüssig“, sagte Herbert Heuß vom Zentralrat Deutscher Sinti und Roma am Donnerstag dem Tagesspiegel. […]

Der Zentralrat vertritt etwa 100 000 Menschen, damit sind Sinti und Roma die größte der so genannten nationalen Minderheiten in Deutschland. […]

Einige Abgeordnete von CDU, SPD und FDP wollen den Satz „Die Sprache der Bundesrepublik ist Deutsch“ in die Verfassung einfügen.

Auch Dieter Küssner, Vorsitzender des Südschleswigschen Vereins, sieht das skeptisch. „Wir verstehen es natürlich nicht, wenn das Deutsche so hervorgehoben wird“, sagte Küssner. „Wir kämpfen darum, dass unsere Sprache gleichberechtigt in dem Raum, in dem wir leben, anerkannt wird, dass sie sichtbar ist: auf Straßenschildern, auf Ortsschildern, in Amtsdokumenten.“ Dabei sei gegen den Passus im Grundgesetz nichts einzuwenden, sofern er denn ergänzt werde. Mit dem Nachsatz „Minderheitensprachen sind Dänisch, Friesisch, Sorbisch und Romani“, sagt Küssner, wäre er zufrieden. […]

Jan Ludwig (19. 11. 2010): Minderheitsverbände gegen Deutsch als Amtssprache. http://www.tagesspiegel.de/politik/grundgesetz-minderheitsverbaende-gegen-deutsch-als-amtssprache/2893578.html [12.3. 2015]

2 **a** Lesen Sie die Texte. Notieren Sie, auf welcher Basis vier Minderheitensprachen in Deutschland geschützt sind und was dies konkret bedeutet.

b Notieren Sie auf der Grundlage Ihrer Kenntnisse über sprachliche Vielfalt sowie über den Zusammenhang von Sprache und Identität Argumente für den Schutz von Minderheitensprachen.

c Verfassen Sie einen Leserbrief zum „Tagesspiegel“-Artikel (Ludwig). Begründen Sie, warum Deutsch nur mit dem von Küssner formulierten Nachsatz zur Amtssprache erklärt werden sollte.

d Recherchieren Sie Details zu einer der vier Minderheitensprachen.

Institutionelle Mehrsprachigkeit – Positionen vergleichen (1/2)

Sprachen der EU

[…] Die EU hat 24 Amtssprachen.

Die Einwohner der EU können alle Dokumente der EU in der Amtssprache ihres Landes abrufen. Sie haben außerdem das Recht, der Kommission zu schreiben und eine Antwort in ihrer Sprache zu erhalten.

Die Mitglieder des Europäischen Parlaments dürfen sich im Parlament in jeder EU-Amtssprache äußern.

Die Europäische Kommission beschäftigt 1750 Sprachexperten und 600 Verwaltungsbedienstete und verfügt damit über einen der größten Übersetzungsdienste weltweit. Im Dolmetscherdienst der Europäischen Kommission arbeiten 600 festangestellte Dolmetscher, 3000 freiberufliche Dolmetscher und 250 Personen Unterstützungspersonal.

Sprachen der EU.
http://europa.eu/about-eu/facts-figures/administration/index_de.htm [11. 3. 2015]

© imagebroker.net

1 **a** Notieren Sie mögliche Gründe dafür, dass die Sprachen aller Mitgliedsstaaten Amtssprachen der EU sind.
b Listen Sie auf, was diese Regelung für Sie persönlich bedeutet (z. B. beim Besuch der Homepage der EU …).
c Sammeln Sie Vor- und Nachteile, die die Regelung der 24 Amtssprachen aus Ihrer Sicht hat.

2 Lesen Sie die Texte von Trabant und Kolb. Arbeiten Sie dann arbeitsteilig zu zweit:
a Visualisieren Sie die Grundstruktur eines der beiden Texte: Stellen Sie die Kernforderung und die zentralen Argumente grafisch dar. Berücksichtigen Sie auch die Entkräftung von Gegenargumenten.
b Stellen Sie sich gegenseitig Ihre Grafiken vor.
c Diskutieren Sie die Plausibilität beider Argumentationsgänge und entwickeln Sie eine eigene Position zu der Frage: Wie soll in Europa mit Vielsprachigkeit umgegangen werden?

Jürgen Trabant: Die Anglisierung der EU (2012)

Die Eliten sprechen das „globale Englisch", dem Alltag verbleiben die Nationalsprachen: Die Sprachenpolitik der EU lässt den Kontinent trotz hehrer Absichten verkümmern.

[…] Es kann nicht übersehen werden, dass in vielen Staaten Europas, vor allem in den Ländern Nordeuropas und in Deutschland, eine Politik der sprachlichen Vereinheitlichung des Kontinents betrieben wird. […] Vom Englischen im Kindergarten bis zur Universität findet eine mächtige Anglisierungskampagne durch die nationalen Erziehungsinstitutionen statt (hier fragt übrigens niemand danach, was das eigentlich kostet, sicher mehr als der Sprachdienst der EU).

Der Unterschied zur nationalsprachlichen Vereinheitlichung ist aber der, dass keine „national-europäische" Propaganda diesen Prozess begleitet. Niemand sagt in Europa: „Wir wollen eine Nation werden, und deswegen brauchen wir eine gemeinsame Sprache." Die Propaganda kommt nicht aus der EU, sondern aus den von der Wirtschaft gedrängten Nationen, sie ist im Wesentlichen ökonomisch, nicht politisch oder kulturell, sie ist global und nicht europäisch.

Eine Sprache lernen, aus welchen Gründen auch immer, ist immer wertvoll, und Zweisprachigkeit ist natürlich besser als provinzielle Einsprachigkeit. Aber: Englisch wird bei dieser sprachlichen Vereinheitlichung des Kontinents kein Identifikationssymbol für Europa sein […]. Das globale Englisch ist kulturell allenfalls amerikanisch konnotiert. Wer heute Englisch lernt und seine alte Eingeborenensprache hinter sich lässt, tut das nicht für Europa, sondern für sich und die Welt.

Natürlich werden die Nationalsprachen deswegen nicht gleich verschwinden. Denn zunächst werden die Bürger Europas ja zweisprachig. Das ist, wir erleben es ja täglich, erst einmal wunderbar. Die Menschen verständigen sich mit ihrer neuen Verkehrssprache in ganz Europa. Nicht so erfreulich allerdings sind die Konsequenzen für die Nationalsprachen der glücklichen zweisprachigen Europäer.

Absehbar ist nämlich die Entwicklung einer Diglossie: Wie im Mittelalter (gesellschaftlich und kulturell) oben Latein und unten die Volkssprachen (Vulgare) gebraucht wurden, so wird jetzt oben, in den hohen und wichtigen Diskursen, zunehmend die Hohe Sprache

Institutionelle Mehrsprachigkeit – Positionen vergleichen (2/2)

Englisch verwendet, unten, im Alltag und bei weniger wichtigen Redeanlässen, die alten Nationalsprachen. Deren Ansehen sinkt bei ihren Sprechern, wenn die prestigereichen Diskurse nicht mehr in ihr stattfinden. Die Nationalsprachen fallen zurück in den Zustand der Vernakularsprache, also „niederer" Alltagssprache [...].

Natürlich kann es nicht darum gehen, das Englische als Verkehrssprache wieder abzuschaffen. [...]

Der europäische Weg wäre [...] der Weg einer europäischen Mehrsprachigkeit, die tatsächlich die Formel der offiziellen europäischen Sprachpolitik M+2 F ernst nimmt: M, die „Muttersprache", bleibt das Gefäß der europäischen Tradition, das in der Nation bewahrt und gepflegt wird. F1, Englisch, ist zu erlernen, aber auf seine internationale Kommunikationsfunktion zu reduzieren, als nützliches Hilfsmittel, als Verkehrssprache. Es brauchte nicht, wie etwa in der aktuellen Intensiv-Anglisierung Deutschlands, mit großem Aufwand in den Rang einer zweiten Muttersprache gehoben zu werden, und es dürfte vor allem nicht die alten Sprachen aus den wichtigsten Diskursdomänen vertreiben.

Jürgen Trabant (19. 10. 2012): Die Anglisierung der EU. http://www.faz.net/aktuell/feuilleton/debatten/die-anglisierung-der-eu-europa-spricht-mit-gespaltener-zunge-11929153.html?printPagedArticle=true#pageIndex_2 [15. 3. 2015]

Matthias Kolb: Let's face it: Europa muss Englisch sprechen (2014)

Wir brauchen ein klares Bekenntnis zum Englischen als lingua franca der EU.

Vor Kurzem war der CSU-Politiker Johannes Singhammer in wichtiger Mission in Brüssel. Der Vizepräsident des Bundestags kämpfte dort für den Stellenwert der deutschen Sprache und warnte anschließend: „Der Anteil der Texte, die ins Deutsche übersetzt werden, sinkt sogar."

Potzblitz! Englisch und Französisch sind im Alltag der EU-Institutionen beliebter als unsere Muttersprache Deutsch, erfuhr er. Manche Ausschüsse des Bundestags hätten „die Beratungen über Vorlagen verweigert, weil sie nur in Englisch vorlagen", konstatiert Singhammer. Deutschlands Parlament nimmt also nicht Stellung, weil Dokumente nicht in deutscher Sprache existieren, doch Brüssel entscheidet trotzdem.

Singhammers Schlussfolgerung: Die EU soll noch mehr Dokumente noch schneller übersetzen. Dass die Kosten von jährlich 330 Millionen Euro weiter steigen würden? Egal, denn Sprache ist Identität und sonst würden „Seele und Geist Europas" beschädigt, so Singhammer. Dabei ist es genau andersrum: Europa braucht weniger Übersetzungen und mehr Fremdsprachenkenntnisse. Wobei Fremdsprache im Jahr 2014 bedeutet: Englisch. [...]

Englisch ist in 76 Prozent jener Mitgliedstaaten, in denen es keine offizielle Landessprache ist, am weitesten verbreitet.

Zwei Drittel der europäischen Bürger sind davon überzeugt, dass für sie persönlich Englisch eine der beiden wichtigsten Sprachen ist. [...]

Wir brauchen ein klares Bekenntnis zum Englischen als lingua franca der EU. Wer heute zur Schule oder Uni geht, sollte nicht nur Englisch lernen müssen, sondern Shakespeares Sprache nicht einfach abwählen dürfen. Die Einwände sind bekannt: „Aber die Stärke Europas ist seine Vielfalt!" „Die kleinen Staaten fühlen sich übergangen." „Gleichmacherei ist schlecht und Englisch ist sowieso schon so omnipräsent." [...]

In kleineren Ländern wie Estland, Lettland oder Slowenien lernt sowieso jeder Englisch, da niemand erwartet, dass Ausländer ihre ebenso exotischen wie komplizierten Sprachen lernen. Die Klagen über die vermeintliche Dominanz des Englischen kommen vor allem aus Deutschland, Frankreich oder Italien – also aus Staaten, deren Sprachen wahrlich nicht vom Aussterben bedroht sind. Solche Beschwerden sind weinerlich. [...]

Und dann gilt es, noch einen Mythos zu hinterfragen: Die Wertschätzung der eigenen Muttersprache wird durch die Förderung einer Fremdsprache nicht gefährdet. Wer eine andere Sprache wirklich gut beherrscht, der lernt auch zusätzliche schneller.

Zudem ist es natürlich erstrebenswert, dass auch außerhalb Luxemburgs und den Niederlanden möglichst viele Europäer zwei Fremdsprachen können (dort sind es 84 bzw. 77 Prozent). Das wäre das Idealszenario: Jedes Kind in Europa bekommt Unterricht in seiner Muttersprache, in Englisch und in einem weiteren Idiom seiner Wahl. Spanisch, Polnisch oder auch Bulgarisch oder Griechisch – dies würde nicht nur die Chance auf noch mehr Gespräche erhöhen, sondern auch Respekt für die andere Kultur zeigen.

Matthias Kolb (12. 5. 2014): Let's face it: Europa muss Englisch sprechen. www.sueddeutsche.de/politik/sprachen-in-der-eu-lets-face-it-europa-muss-englisch-sprechen-1.1953992 [15. 3. 2015]

Verändert Mehrsprachigkeit die Standardsprache? – Eine Position bewerten

Anne-Catherine Simon: „Ich helfe Sie“: Das Deutsche in 30 Jahren (2013)

Migrantensprachen wie Türkisch sind dabei, das Standarddeutsch massiv umzuwandeln, behauptet der Sprachwissenschaftler Uwe Hinrichs in einem Buch. […]

Gute Nachrichten für die Deutschschüler von morgen: Sie dürfen in ihren Aufsätzen „mit einen Freund“, aber gern auch „mit ein Freund“ schreiben. Sie dürfen „Ich hab ihn geholfen“ schreiben und vielleicht sogar „Ich hab sie geholfen“. Sie dürfen schreiben, dass sie „auf einem Konzert gefahren sind“ und wie toll es „auf diesen Konzert“ war.

In diese Richtung geht es jedenfalls, und zwar rasant, glaubt man dem deutschen Sprachwissenschaftler Uwe Hinrichs. Während sich Sprachschützer auf das „Denglisch“ eingeschossen haben, beschreibt Hinrichs in seinem Buch „Multikultideutsch“ einen viel massiveren Umbau der deutschen Sprache: durch die großen Migrantengruppen Deutschlands.

Das „kreolische Prinzip“

[…] Dabei verhält er sich gegenüber seinem Forschungsgegenstand so kühl und wertungsfrei wie ein Biologe gegenüber Planktonproben. Er wolle, schreibt er, „das sehen, was viele sehen, aber gern verschweigen, es einordnen in die Analogien, die die Geschichte und die Sprachen in der Welt bieten, und einen Blick in die Zukunft wagen.“ […]

Alles läuft ihm zufolge auf Vereinfachung hinaus, das „kreolische Prinzip“: „Wenn Mehrsprachigkeit dominiert, wird alles beseitigt, was man für die Verständigung nicht braucht.“ Wortformen, Fälle, Endungen werden unwichtiger (vieles ergibt sich ja ohnehin aus dem Zusammenhang) […].

Deutsch wird fallarme Sprache

Die wichtigste Veränderung laut Hinrichs ist das Fallsterben („Kasusabbau“). Das Deutsche werde sich an die anderen germanischen und die romanischen Sprachen annähern, in denen Fälle und entsprechende Endungen fast verschwunden sind. Stattdessen herrscht das Muster „Präpositionen plus x“ vor. So funktionieren auch einige der wichtigsten Migrantensprachen, wie Türkisch, Rumänisch, Bulgarisch oder Arabisch.

- […] Hinrichs bringt besitzanzeigende Wendungen wie „dem Präsidenten sein Haus“ u. a. mit dem Türkischen in Verbindung (dort gibt es das Muster „Präsident-dem-Haus-sein“). Bereits die nächste Generation werde sich an den Genetiv kaum erinnern und ihn nur noch kurios finden, ist Hinrichs überzeugt. Aber er geht noch weiter …
- „Wegen den Schlechtwetter“: Gemäß dem „Multikultideutsch“-Szenario ist der Dativ der nächste Todeskandidat, sein Mörder heißt Akkusativ. „Ich geh mit den Kinder raus“, „er hat ihn das geschenkt“, heißt es dann, der (Pseudo-)Akkusativ wird der Fall für alle Fälle. […]
- „Die Zukunft für die Banken“, „die Chancen für die Banken“: Statt der Fälle kommen Fürwörter, und da vor allem „für“: Es zeige immer häufiger eine Beziehung zwischen Satzteilen an, erklärt Hinrichs. […]
- „Problem ist …“: Artikel schwinden und schwanken, kein Wunder: Sie sind das Härteste am Deutschen, und kaum eine Migrantensprache kennt sie.
- „Mehr aufregend“: So steigert das Türkische, aber auch Balkansprachen.
- „Tasche Geld“ (statt „Taschengeld“): Orientalische Sprachen stellen, um die Verbindung von Wörtern auszudrücken, die Wörter gern einfach nebeneinander („Izafet“-Methode, von arabisch „idafah“, „Anfügung“).

Wie sehr aber hat das alles wirklich mit Migrantensprachen und Migranten zu tun (auch Nichtmigranten scheren sich immer weniger um Fälle und Kongruenz)? Hinrichs hat zwar bemerkenswerte Details zur Beziehung zwischen deutschem Sprachwandel und Migrantensprachen ausfindig gemacht, trotzdem bleibt vieles offen. Und stimmt es wirklich, dass man „selbst in offiziösen Nachrichtensendungen nur noch flächendeckend die Variante ‚mit diesen Problem‘“ hört? […] Werden die „falschen“ Formen wirklich so schnell ins Standarddeutsch wandern? Und zu guter Letzt eine linguistisch verpönte Frage: Wird die Sprache dadurch besser oder schlechter?

Anne-Catherine Simon: „Ich helfe Sie“: Das Deutsche in 30 Jahren. In: Die Presse, 11. 9. 2013

1 **a** Beschreiben Sie in Partnerarbeit anhand von Beispielen, was Hinrichs als „kreolisches Prinzip“ bezeichnet.
b Hinrichs sieht die Sprachveränderungen nicht als bedenklich, sondern als natürliche Entwicklung an. Welche Begründung dafür wird im Text angeführt? Markieren Sie entsprechende Stellen.
c Nehmen Sie Stellung zu den Fragen am Ende des Textes.

Wandel der Jugendsprache – Sprachentwicklungen einschätzen

Burkhard Straßmann (Interview): Herr Lehrer geht Kopierer (2014)

Eine Soziolinguistin erforscht, wie sich Berliner Schüler Türkisch aneignen.

DIE ZEIT: Ihre Doktorarbeit trägt den Titel „Gehst du Bahnhof oder bist du mit Auto?“. Wo sind Sie diesem Satz begegnet?

Diana Marossek: Zu Hause! Meine jüngere Schwester hatte Freundinnen zu Besuch, alle von einer behüteten Schule in Pankow am Stadtrand von Berlin, ohne Migrationseinflüsse. Trotzdem sprachen sie, als ob sie aus dem tiefsten Wedding kämen. Ich habe auch Kita-Erzieherinnen mit ihrer Gruppe so sprechen gehört oder Menschen in der S-Bahn.

ZEIT: Was ist das Besondere an dieser Sprache?

Marossek: Dieser Soziolekt mischt vor allem deutsche und türkische Wörter und Grammatikstrukturen. Er verzichtet, wie das Türkische, auf Artikel und Präpositionen: Gehst du Bus? Kommst du mit Kino? Wir gehen Disko. Und es fallen sogenannte prosodische Merkmale auf: abgehacktes Sprechen und eine kehlige, aufgeregte Sprachmelodie besonders in Situationen, in denen es ums Prestige geht.

ZEIT: Wo haben Sie geforscht?

Marossek: Ich habe ein Jahr lang 30 Berliner Schulen in allen Bezirken besucht. Ich habe mich in den Klassen als Referendarin vorgestellt und einfach zugehört, Notizen gemacht, Dialoge aufgeschrieben. […]

ZEIT: Was ist Ihnen besonders aufgefallen?

Marossek: Dass vieles, was aggressiv klingt, gar nicht so gemeint ist. Es wird eher als „rituelle Beschimpfung“ verwendet.

ZEIT: Wie hört sich das an?

Marossek: So etwa: Du Spast, Alter, isch schwöre. Eşekoğlu eşek. Ananı sikerim. Abazan, Alter, isch schwöre. Übersetzt bedeutet das: Esel, Sohn eines Esels. Ich ficke deine Mutter. Du hast wohl lange keinen Sex gehabt.

Alle verstehen es – nur der Lehrer nicht

ZEIT: Verstehen das auch Schüler ohne Migrationshintergrund?

Marossek: Die ganze Klasse hat es verstanden, nur der Lehrer nicht.

ZEIT: Was ist das Ergebnis Ihrer Dissertation?

Marossek: Meine erste These: Berliner ohne Migrationshintergrund verwenden unreflektiert die türkische oder arabische Frage- und Antwortsyntax. Die zweite These: Das fällt gerade Berlinern leicht. Denn unser Dialekt hat ähnliche grammatische Strukturen. Berliner sagen auch: Bist du auf Arbeit? Ich bin mit Auto.

ZEIT: Und diese Mischsprache spricht man nicht nur in bestimmten sozialen Milieus?

Marossek: Nein, auch auf dem Gymnasium in Zehlendorf. Besonders, wenn es um Prestige und Identität geht. Dann redet ein Gymnasiast gern wie der große starke Ghettojugendliche, der unangreifbar ist.

ZEIT: Machen das vor allem die Jungen?

Marossek: Nein, Mädchen sprechen ganz ähnlich. Sie sind nur ruhiger, weniger aggressiv. Sie schimpfen anders. Liebevoller.

Man kann sich dem Soziolekt nicht entziehen

ZEIT: Wie schimpft man denn liebevoll?

Marossek: „Schätzchen, zick jetzt mal nicht so rum.“ Ein Junge würde sagen: „Alter, ich ficke deine Mutter.“

ZEIT: Sollten auch Lehrer diesen Soziolekt beherrschen?

Marossek: Wenn Lehrer Jugendcode benutzen, wirkt das uncool oder wird als herablassend empfunden. Ich habe sogar erlebt, dass Schüler einen Lehrer, der versucht hat, so zu sprechen, nicht mal verstanden haben. Die haben den korrigiert!

ZEIT: Aber können sich Lehrer dem überhaupt entziehen?

Marossek: Kaum. Diese Sprache scheint sich leicht im Gehirn festzusetzen. Manchmal rutscht auch Erwachsenen so etwas heraus: „Ich geh Bäcker. Soll ich dir was mitbringen?“ Und im Lehrerzimmer habe ich gehört: „Margit, gehst du Kopierer?“

Burkhard Straßmann: Herr Lehrer geht Kopierer. In: DIE ZEIT 27/2014

1 **a** Listen Sie die von Marossek angeführten Sprachphänomene und Gründe für die Sprachverwendung auf.

b Tauschen Sie sich darüber aus, ob Sie die genannten Gründe der Sprachverwendung nachvollziehen können. Welche anderen Erklärungen wären denkbar?

c Stellen Sie Ihre eigenen Erfahrungen in der Schule dar.

2 Deuten Sie die am Schluss beschriebenen Beispiele der Erwachsenensprache: Zeichnet sich ein Sprachwandel ab oder sehen Sie andere Gründe für diese Sprachbeispiele? Formulieren Sie Ihre Einschätzung.

Wörter mit Migrationshintergrund – Historischen Sprachwandel beleuchten

Ulrich A. Schmidt: Hängematte (2008)

[…] Das Wort „Hängematte“ hat etymologisch weder etwas mit „Matte“ noch mit „hängen“ zu tun, sondern ist vor gut 500 Jahren aus der Karibik in die deutsche Sprache eingewandert. Als Kolumbus nämlich mit seinen Schiffen in die Inselwelt der Karibik gelangte, lernten die Seeleute die Schlafnetze der Eingeborenen kennen: Es waren für sie wahrhaft nützliche Gegenstände. […]
Das Wort wanderte erfolgreich in die Seefahrersprachen ein und eroberte zusammen mit dem Gegenstand, dem indianischen Schlafnetz, die europäischen Kulturen: Als „hamaca“ oder ohne den aspirierten Anlaut „amaka“ ist es in vielen europäischen Sprachen völlig unverändert geläufig (und viele Sprecher nehmen das Wort heute nicht mehr als „fremd“ wahr), so im Französischen, im Spanischen, im Englischen, im Italienischen, im Rumänischen, im Polnischen.

Ulrich A. Schmidt: Hängematte. In: Jutta Limbach (Hrsg.): Eingewanderte Wörter. Ismaning: Huber 2008, S. 100f.

Schmetterling

Schmetterling: Das ursprünglich *obersächs.* Wort (16. Jh.) hat sich erst seit dem 18. Jh. in der Schriftsprache ausgebreitet, in der es heute neben ↑ Falter steht. Es gehört wohl zu *ostmitteld.* **Schmetten** „Sahne“, einem Lehnwort aus gleichbed. *tschech.* smetana. Nach altem Volksglauben fliegen Hexen in Schmetterlingsgestalt, um Milch und Sahne zu stehlen (daher auch *mdal.* Namen des Schmetterlings wie „Molkendieb“ und „Buttervogel“ und *aengl.* butorflēge, *engl.* butterfly).

Schmetterling. In: Duden „Etymologie“: Herkunftswörterbuch der deutschen Sprache. 2., völlig neu bearb. u. erw. Aufl./ von Günther Drosdowski. Mannheim, Wien, Zürich: Dudenverlag 1989, S. 641

1 **a** Lesen Sie die Beiträge zu den Wörtern *Hängematte* und *Schmetterling*.
- Welche Vermutungen hatten Sie bislang zur Herkunft dieser Wörter?
- Woran mag es liegen, dass kaum jemand diese beiden Wörter für Sprachimporte hält?

Begründen Sie auch mithilfe der Fachbegriffe im Infokasten unten.

b Schreiben Sie den Lexikonauszug zu *Schmetterling* um: Formulieren Sie einen Text im Stil des Beitrags zu *Hängematte*, z. B.: Das deutsche Wort für die beliebten Falter hat keineswegs mit „Schmettern“ zu tun, sondern …

2 **a** Wählen Sie eines der folgenden Wörter und recherchieren Sie seinen „Migrationshintergrund“.
b Diskutieren Sie, inwieweit Mehrsprachigkeit für diese Worteinwanderungen verantwortlich war.

Abenteuer ▪ Alarm ▪ Currywurst ▪ Fantasie ▪ Ferien ▪ mutterseelenallein ▪ Ordnung ▪ Pantoffel ▪ Paradies ▪ Schule

3 **a** Lesen Sie die folgenden Beispiele für Anlehnungen ans Englische. Vergleichen Sie in Partnerarbeit die jeweiligen Sätze in syntaktischer und semantischer Hinsicht (Semantik: den Sinn betreffend).
b Ergänzen Sie in Partnerarbeit eigene Beispiele für Formulierungen, die ans Englische erinnern.
c Formulieren Sie, inwieweit Sie in diesen Phänomenen eine Folge von Mehrsprachigkeit sehen.

zuvor üblicher Ausdruck	Anlehnung ans Englische	englischer Ausdruck
Ach du lieber Gott!	Oh mein Gott!	Oh my God!
Was haben Sie für Schwierigkeiten?	Was ist Ihr Problem?	What's your problem?
Was hast du auf dem Herzen?	Willst du darüber reden?	Do you want to talk about it?

Information **Etymologie und Lehnwörter**

Unter **Etymologie** versteht man die Wissenschaft von der Herkunft, Grundbedeutung und Entwicklung einzelner Wörter.
Als **Lehnwörter** bezeichnet man – in Abgrenzung von Fremdwörtern – Entlehnungen aus anderen Sprachen, die sich in Lautung, Schriftbild und Beugung vollständig an die neue Sprache angepasst haben, z. B.: Streik (von engl. *strike*), Fenster (von lat. *fenestra*).

Lernaufgabe: Materialgestützt einen Text verfassen

Ihre Schule erwägt, das Fach Türkisch als Fremdsprache in der Oberstufe einzuführen. Auf der nächsten Schulkonferenz soll darüber diskutiert werden. Sie sollen einen Informationstext zum Thema verfassen, den alle Mitglieder der Schulkonferenz (Schüler-, Eltern-, Lehrervertreter/innen) zur Vorbereitung auf die Sitzung erhalten. Ihr Text soll

- die rechtlichen Grundlagen für das Fach Türkisch erläutern und mit aktuellen Daten veranschaulichen;
- gesellschaftspolitische Gründe für die Einführung eines Schulfachs Türkisch sowie Erklärungen für die öffentliche Meinung zu diesem Fach anführen;
- über Motive und Erfahrungen von Schulen berichten, die das Fach bereits eingeführt haben;
- darstellen, welche Fragen Ihre Schule sich in einer Diskussion über das Fach Türkisch stellen muss.

Verfassen Sie den Informationstext. Sie können die folgenden Materialien M1–M5 nutzen, aber auch selbst recherchieren, Daten Ihrer Schule einbeziehen und Kenntnisse aus dem Unterricht nutzen.

M1 | Boom in NRW: Immer mehr Schüler lernen Türkisch (2013)

Allein an zwölf Gymnasien lernen derzeit mehr als 1300 Schüler in Nordrhein-Westfalen Türkisch. Auch an den Gesamtschulen des Bundeslandes wird die Fremdsprache immer beliebter. Nicht wenige junge Leute legen darin sogar ihr Abitur ab. Ob durch das Angebot der Anteil türkischstämmiger Gymnasiasten erhöht werden kann, lässt sich aber nicht beurteilen. Schüler in Nordrhein-Westfalen sind offenbar sehr an der türkischen Sprache interessiert. Immer mehr entscheiden sich im Laufe ihrer Schulzeit an einem Gymnasium oder einer Gesamtschule für Türkisch als Fremdsprache. Mehr als 160 legten zuletzt sogar ihre Abiturprüfung in diesem Fach ab.
Im Rahmen einer kleinen Anfrage des Abgeordneten Theo Kruse (CDU) vom 2. Juli dieses Jahres gibt Schulministerin Sylvia Löhrmann (Grüne) Auskunft über die Nachfrage an Türkisch-Klassen in NRW. Demnach lernen im Augenblick 1345 Schüler an zwölf Gymnasien die türkische Sprache als Fremdsprache. Im Rahmen des Abiturjahrgangs 2011/2012 entschieden sich sogar 165 Schüler für Türkisch als Abiturfach. Davon kamen 101 Schüler von Gesamtschulen, die Türkisch als drittes und viertes Abiturfach belegten. In den beiden Vorjahren waren es 108 bzw. 102 Interessierte.
Türkisch, so Löhrmann, könne bereits jetzt als weitere Fremdsprache an Gymnasien in der Sekundarstufe I gewählt werden. Der für die Sekundarstufe I erarbeitete Kernlehrplan Türkisch gelte auch für Nicht-Muttersprachlerinnen und Nicht-Muttersprachler. In der gymnasialen Oberstufe kann Türkisch dann im Grund- oder Leistungskurs belegt werden und Abiturfach sein. Für die gymnasiale Oberstufe werde derzeit außerdem ein Kernlehrplan erarbeitet, der auch für Nicht-Muttersprachlerinnen und Nicht-Muttersprachler gelte. Islamischen Religionsunterricht gibt es ebenfalls seit dem vergangenen Jahr.
Ob sich mit dem Angebot Türkisch als Fremdsprache jedoch der Anteil türkischstämmiger Gymnasiasten erhöhen ließe, vermag Löhrmann nicht zu sagen: „Die Amtlichen Schuldaten erheben die Staatsangehörigkeit ausländischer Schülerinnen und Schüler. Die Daten zur Zuwanderungsgeschichte erfassen nicht die Herkunftsländer der Schülerinnen und Schüler, sodass keine Aussagen zu türkischstämmigen Schülerinnen und Schülern an Gymnasien getroffen werden können. Eine Einschätzung ist auf dieser Datengrundlage nicht möglich."

Online (12. 8. 2013) unter http://www.deutsch-tuerkische-nachrichten.de/2013/08/483692/boom-in-nrw-immer-mehr-schueler-lernen-tuerkisch/ [17. 3. 2015]

M2 | Schulministerium NRW: Wer kann am Türkischunterricht in Nordrhein-Westfalen teilnehmen?

Türkisch kann in Nordrhein-Westfalen im herkunftssprachlichen und im Fremdsprachenunterricht gelernt werden. Der herkunftssprachliche Türkischunterricht wird in NRW von der Primarstufe bis zum Ende der Sekundarstufe I angeboten. An mehreren weiterführenden Schulen können Schülerinnen und Schüler Türkisch als Fremdsprache ab Klasse 6 bzw. ab Klasse 8 oder als neu einsetzende Fremdsprache in der gymnasialen Oberstufe wählen. Türkisch kann als Grundkurs und/oder als Leistungskurs belegt und mit der Abiturprüfung abgeschlossen werden.

Online unter http://www.schulministerium.nrw.de/docs/Schulsystem/Unterricht/Lernbereiche-und-Faecher/Fremdsprachen/Tuerkisch/index.html [17. 3. 2015]

M3 | Befragung zum Fach „Türkisch als Fremdsprache"

Würden Sie es begrüßen, wenn Türkisch – neben Englisch und Französisch – als Fremdsprache an Gymnasien eingeführt werden würde?

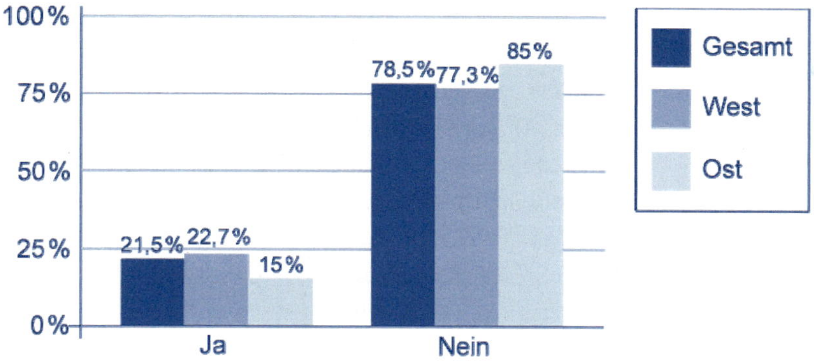

Deutschland; ab 18 Jahre; Wahlberechtigte; 893 Befragte; YouGov

YouGov 12nach12. Online unter http://www.deutsch-tuerkische-nachrichten.de/2013/08/483692/boom-in-nrw-immer-mehr-schueler-lernen-tuerkisch/ [15. 3. 2015]

M4 | Martin Spiewak: Eine Schule lernt dazu (2012)

Türkisch als Leistungskurs, Förderkurse zum Deutschlernen und Ganztagsbetrieb – sieht so das Gymnasium der Zukunft aus?

[...] „Türkenschule" nennen manche in Gelsenkirchen das Ricarda-Huch-Gymnasium (RHG). Die Lehrer selbst sprechen lieber von einer „deutschen internationalen Schule". Rund 40 Prozent der 850 Schüler des Gymnasiums haben eine Einwanderungsgeschichte. Wer in der großen Pause auf dem Schulhof herumfragt, kommt auf 28 Herkunftsländer.

Am Ricarda-Huch-Gymnasium steht neben Englisch und Latein als Wahlfach auch Türkisch auf dem Stundenplan. Wer in Deutsch Defizite zeigt, muss in der fünften und sechsten Klasse Sprachkurse belegen. Ein „Gütesiegel für individuelle Förderung" zeugt von dem Bemühen der Lehrer, starken wie schwachen Schülern gerecht zu werden . „Wir geben niemanden verloren und nehmen die Schüler, wie sie sind", sagt die Rektorin Ursula Klee.

Informationsabende auf Türkisch, verpflichtende Sprachförderung, ein Unterricht im Ganztagsbetrieb – das kennen viele Schulen im Ruhrgebiet wie anderswo. An Gymnasien jedoch sind diese Phänomene bis heute eine Ausnahme. Denn das Gymnasium gilt vielen Eltern, Lehrern und Politikern als Bastion gegen den Leistungsverfall und Festung gegen flüchtige Reformmoden. Vor mehr als 200 Jahren von Wilhelm von Humboldt in seinem klassischen Zuschnitt gegründet, hat es seine Rolle als Leitinstitution des Bildungswesens bis heute bewahren können. Mit dem Gymnasium verbinden die Deutschen traditionell ihre zentralen Tugenden: Fleiß, Ordnung und Aufstiegswillen, vor allem aber Beständigkeit.

Lange Zeit schien das Gymnasium allen Stürmen der Zeit zu trotzen. Doch nun sieht sich die beliebteste Schule der Deutschen mit grundlegenden Veränderungen konfrontiert. Das nationale Monument wankt. Es wird einer neuen Schülerklientel und neuen pädagogischen Ideen ausgesetzt, es wird erschüttert von den großen Umbrüchen in der deutschen Bildungslandschaft: Der Rückgang der Geburtenzahlen trifft alle Schulformen. Auch Gymnasien müssen in Zukunft stärker um die Gunst der Eltern werben. Nur wenn sie sich neuen Schülern öffnen, lässt sich die Gefahr eines Stellenabbaus oder gar einer Schließung bannen. Schon jetzt ist zu beobachten, dass der Anteil der Schulwechsler und Sitzenbleiber trotz steigender Gymnasialquote sinkt. In Nordrhein-Westfalen etwa sank die Wiederholerquote seit 2002 um mehr als die Hälfte. Zum einen weil die Politik Druck macht, sich besser um die schwächeren Schüler zu kümmern. Zum anderen weil „der demografische Druck flexibel macht", wie der Tübinger Bildungsforscher Ulrich Trautwein sagt.

Dennoch schaffen bislang nur wenige Schüler mit Zuwanderungsgeschichte den Sprung aufs Gymnasium, im bevölkerungsbunten Nordrhein-Westfalen sind es 14 Prozent.

Dabei verfügt heute jedes dritte Kind in einer Kita über einen sogenannten Migrationshintergrund, in Großstädten wie Frankfurt, Bremen oder Stuttgart gar jedes zweite. Noch können Oberstudiendirektoren auf Informationsveranstaltungen bei vielen bürgerlichen Eltern mit einer niedrigen Migrantenquote punkten. Doch die Zeit der Monokultur im Klassenraum geht auch auf dem Gymnasium zu Ende.

Martin Spiewak: Eine Schule lernt dazu. In: DIE ZEIT 8/2012

M5 | Erfahrungen mit Türkischunterricht (zusammengetragen von Stephanie Kowalewski, 2014)

In NRW gibt es Türkisch schon lange als vollwertiges Unterrichtsfach. In einem Beitrag des Deutschlandfunks wurden anlässlich des Deutsch-Türkischen Wissenschaftsjahrs 2014 Aussagen vom Ricarda-Huch-Gymnasium in Gelsenkirchen wiedergegeben, das als erstes Gymnasium in NRW Türkischunterricht angeboten hatte:

Ursula Klee, Schulleiterin: „Da ist das Konzept entwickelt worden, Türkisch als zweite Fremdsprache statt Latein oder Französisch anzubieten, sodass die türkischen Kinder, die einen Nachteil in der deutschen Sprache hatten, durch die türkische Sprache einen kleinen Vorteil bekamen."

Hakan Taner, Lehrer: „Das ist auch von einigen ein Irrglaube, dass man denkt, och ja gut Türkisch, Muttersprache, da gehe ich mal rein und hol mal eben das Abitur. So ist es nicht."

Beria, 17 Jahre alt, Schülerin: „Ich empfinde das als persönliches Glück, eben weil Türkisch an der Schule nicht selbstverständlich ist. Die erste Sprache, die ich gelernt habe, war Türkisch und dann fiel es mir halt leichter, Deutsch zu lernen und hinterher auch Englisch und danach sogar Spanisch."

Besir, 18 Jahre alt, Schüler im Türkisch-Leistungskurs: „Vor allem, wenn man weiß, dass man sowohl in Deutschland als auch in der Türkei akzeptiert ist, dann ist das schon ein sehr großer Faktor, der einem auch Sicherheit gibt. Ich hab jetzt halt diese doppelte Möglichkeit. Oder vielleicht sogar als Vermittler zwischen der deutschen und türkischen Wirtschaft tätig zu werden, weil ich denke schon, dass da eine Marktlücke ist."

Erfahrungen mit Türkischunterricht. Zitiert nach: Stephanie Kowalewski: Türkisch im Abi. Deutschlandfunk 23.01.2014. Online unter http://www.deutschlandfunk.de/wissenschaftsjahr-tuerkisch-im-abi.680.de.html?dram:article_id=275408 [16.3.2015]

Die Lernaufgabe zum materialgestützten Schreiben bearbeiten

1 Leiten Sie aus der Aufgabe Leseziele und eine Lesetechnik ab.

a Machen Sie sich anhand der Aufgabe zunächst die Grundsituation für Ihren Schreibauftrag klar:

Adressatenkreis meines Textes: ______________________________

____

Textsorte: ______________________________

____

Intention/Funktion: ______________________________

____

b Lesen Sie die Überschriften der Texte, um sich einen Überblick zu verschaffen.

c Kreuzen Sie die Aspekte (→ Aufgabenstellung) an, zu denen Sie wohl Informationen in den Texten finden:

- ☐ Informationen zu rechtlichen Hintergründen
- ☐ aktuelle Daten zum Fach
- ☐ gesellschaftspolitische Gründe für Türkisch als Schulfach
- ☐ Erklärungen für die öffentliche Meinung zum Fach Türkisch
- ☐ Motive anderer Schulen, das Fach einzuführen
- ☐ Erfahrungen anderer Schulen mit dem Fach Türkisch
- ☐ Fragen, die sich unsere Schule in der Diskussion stellen muss

d Notieren Sie in Ihrem Kursheft, wie Sie die nicht angekreuzten Aufgabenteile lösen könnten.

e Wählen Sie eine der folgenden Lesetechniken oder finden Sie eine eigene Art des Vorgehens. Bearbeiten Sie dann die Texte mithilfe der von Ihnen gewählten Technik.

☐ **Lesetechnik A:**
Ich lese sehr genau und achte gleich auf alle Ebenen.
Ich markiere Hinweise zu den verschiedenen Teilaufgaben verschiedenfarbig und mache gleich Randnotizen.

☐ **Lesetechnik B:**
Separate Lesedurchgänge für jede Teilaufgabe:
1. Durchgang: Ich markiere Aspekte zu Teilaufgabe x;
2. Durchgang: Ich markiere Aspekte zu Teilaufgabe y …
Letzter Durchgang: Ich gehe die Markierungen durch und notiere Randbemerkungen.

☐ **Lesetechnik C:**
Kartenverfahren, z. B.:
Ich schreibe auf verschiedenfarbige Karteikarten die Aspekte, die mir bezogen auf die Teilaufgaben wichtig scheinen.
Kommentare dazu schreibe ich auf die Rückseite.

☐ **Andere Lesetechnik:**

____

2 Sichten Sie Ihre Leseergebnisse mit Blick auf die Aufgabenstellung.

Zur Teilaufgabe „rechtliche Grundlagen, aktuelle Daten" habe ich gefunden:

____

____

____

____

____

____

Zur Teilaufgabe „gesellschaftliche Gründe, öffentliche Meinung" habe ich gefunden:

____

____

____

____

Zur Teilaufgabe „Motive/Erfahrungen von Schulen mit dem Fach Türkisch" habe ich gefunden:

Motive zur Facheinführung: ____

____

Erfahrungen: ____

____

____

Zur Teilaufgabe „Fragen zur Diskussion" lassen sich aus den Texten folgende Fragen ableiten:

3 Reflektieren Sie, worauf Sie beim Schreiben achten müssen.

Kreuzen Sie die Aussagen an, die für das Schreiben Ihres Textes zutreffen:

- ☐ In meinem Text geht es um eine vollständige Darstellung der Informationen aus den Textvorlagen.
- ☐ Ich muss die zentralen Aussagen aus den Materialien pointiert nutzen, bezogen auf die Anforderungen.
- ☐ In solchen Texten ist bei Zitaten keine wissenschaftlich einwandfreie Form erforderlich.
- ☐ Es ist sinnvoll, passende Informationen aus dem Unterricht einzuflechten.

4 Entwickeln Sie eine Grobstruktur für Ihren Text.

a Prüfen Sie, ob Ihnen eine der folgenden Grobstrukturen geeignet scheint. Entwerfen Sie ggf. eine andere Variante.

☐ **Variante I:**
- Einstieg über ein Detail, das Aufmerksamkeit weckt
- Informationen zu rechtlichen Grundlagen des Faches und aktuellen Daten
- gesellschaftliche Bedeutung
- Motive von Schulen, die das Fach eingeführt haben
- einige Erfahrungen aus anderen Schulen
- Fragen für die Diskussion an unserer Schule

☐ **Variante II:**
- Einstieg über ein Detail, das Aufmerksamkeit weckt
- gesellschaftliche Bedeutung des Faches
- Motive von Schulen, die das Fach eingeführt haben; darin eingeflochten: ihre Erfahrungen
- rechtliche Grundlagen und aktuelle Daten
- Fragen für die Diskussion an unserer Schule

☐ **Variante III:**
- Fragen für die Diskussion an unserer Schule
- rechtliche Grundlagen des Faches
- Daten zur Bedeutung des Faches in unserer Gesellschaft
- Motive und Erfahrungen von Schulen

☐ **Andere Variante:**

b Machen Sie sich Notizen für Ihren Text, beispielsweise in Form einer Mindmap.
c Ergänzen Sie Stichworte aus dem Unterricht, die Sie für die Aufgabe nutzen können.
d Prüfen Sie, an welchen Stellen Sie weitere Recherchen sinnvoll einflechten können.

5 Nutzen und entwickeln Sie Formulierungsbausteine.

Markieren Sie im Kasten hilfreiche Formulierungsbausteine. Notieren Sie ggf. weitere in Ihrem Kursheft.

Einstieg

Niemand hat in Deutschland Bedenken, wenn ein Kind mit französischem Pass oder französischem Elternteil Französisch als Leistungskurs wählt. Ganz anders …

Das Fach Türkisch erlebt in NRW gerade …

Das Fach Türkisch ist am Gymnasium ein junges Fach, aber eines, das mehr und mehr …

Überleitungen

Die Hinwendung zum Fach Türkisch ist ein Beispiel für eine grundlegende Veränderung am Gymnasium: …

Die Vermutung, Türkisch sei ein Fach nur für Muttersprachler/innen, …

Erfahrungen aus Schulen, die das Fach eingeführt haben, bestätigen …

Hinführung zur eigenen Schule

Auf unserer Schulkonferenz wird zu prüfen sein, inwieweit die Gründe, die etwa für das … -Gymnasium ausschlaggebend waren, auch … Konkret stellen sich die Fragen …

Einbau von prägnanten Zitaten mit zentralen Aussagen

So berichtet …, Lehrer für …, es sei … Glücklich schätzt sich die Schülerin …, denn …

Einbau von Quellenverweisen

So sieht das Wochenmagazin „Die Zeit" in dem Fach ein Indiz …

Zugleich macht eine aktuelle Befragung deutlich, dass … keineswegs schon …

6 Schreiben Sie eine erste Textfassung und prüfen Sie sie.

a Schreiben Sie eine erste Textfassung, möglichst am Computer, um sie später überarbeiten zu können.
b Prüfen Sie Ihren Text mit der folgenden Checkliste.

Checkliste **Materialgestützt einen Text verfassen**

- Ist der Text durch Absätze und Zwischenüberschriften sinnvoll gegliedert?
- Ist die Gesamtstruktur schlüssig und mit sinnvollen Übergängen gestaltet?
- Sind die Ausführungen in sich stimmig, pointiert und korrekt auf das Ausgangsmaterial bezogen?
- Ist der Text adressatenorientiert (klare, verständliche Sprache, ansprechende Darstellung …)?
- Ist bei Zitaten ersichtlich, woher die Aussagen stammen (z. B. Politiker/in, Sprachwissenschaftler/in)?
- Ist der Text sprachlich einwandfrei (Grammatik, Rechtschreibung, Kommasetzung)?
- Vollständigkeit: Wurden alle Aufgabenteile berücksichtigt (vgl. Aufgabenstellung S. 32)?
  - rechtliche Grundlagen bezogen auf mutter- und fremdsprachlichen Unterricht
  - aktuelle Daten zum Türkischunterricht
  - gesellschaftliche Gründe zur Einführung des Faches (Stichwort: Wandel des Gymnasiums)
  - öffentliche Meinung, schlüssige Erklärungen dafür
  - Gründe von Schulen, das Fach einzuführen
  - Erfahrungen aus unterschiedlichen Perspektiven
  - schlüssig abgeleitete Fragen für die Diskussion in der Schulkonferenz

c Prüfen Sie in Partnerarbeit gegenseitig Ihre Texte. Nutzen Sie die Checkliste.
d Überarbeiten Sie Ihren Text.

7 Reflektieren Sie Ihr Vorgehen.

Notieren Sie in Ihrem Kursheft, welche der in dieser Aufgabe angewandten Verfahren Ihnen auch künftig bei einer Aufgabe dieses Typs helfen könnten. Formulieren Sie Tipps an sich selbst.

Name: Kurs: Datum:

Eine Schule im Ruhrgebiet veranstaltet einen Projekttag zu „Mehrsprachigkeit im Ruhrgebiet“ und bittet Sie, für die Homepage (siehe rechts) einen Informationstext zum Thema zu schreiben.

Ihr Text soll

- mit einem Aufhänger beginnen, der Interesse für das Thema weckt;
- das Konzept der inneren und äußeren Mehrsprachigkeit leicht verständlich erläutern;
- einen anschaulichen Überblick über das Phänomen „Mehrsprachigkeit im Ruhrgebiet“ hinsichtlich innerer (Ruhrdeutsch) und äußerer Mehrsprachigkeit und ihrer Geschichte geben;
- an Beispielen die Bedeutung von Mehrsprachigkeit im Alltag aufzeigen.
- Führen Sie zum Schluss aus, was aus Ihrer Sicht für diesen Projekttag spricht. Beziehen Sie sich dabei auf Ihre vorausgegangenen Ausführungen zur Mehrsprachigkeit.

Verfassen Sie diesen Text.
Sie können die Materialien M1–M7 wie auch Kenntnisse aus dem Unterricht nutzen.

Aktuelles | Überblick | Schulprofil | Schulleben | Organisation

Projekttag am Lingua-Gymnasium

Am 27. November findet an unserer Schule ein Projekttag zum Thema „Mehrsprachigkeit im Ruhrgebiet“ statt. Am Vormittag setzen sich die Klassen damit auseinander, welche Sprachen im Ruhrgebiet gesprochen werden, am Nachmittag kann man in Schnupperkursen eine oder zwei Sprachen des Ruhrgebiets kennenlernen: Türkisch, Spanisch, Kurdisch, Mazedonisch, Jiddisch … oder auch Ruhrdeutsch.

Für Informationen zur „Mehrsprachigkeit im Ruhrgebiet“ klicken Sie hier:
Mehrsprachigkeit im Ruhrgebiet

M1 | Film: Wir sind NRW! – Schmelztiegel Ruhrgebiet (2012)

Im Ruhrgebiet leben sage und schreibe Vertreter von 180 Nationen. Christian Dassel war wochenlang in diesem Schmelztiegel der Nationalitäten unterwegs. Er wollte wissen, ob man sich dort näherkommt oder eher fremd bleibt. Sein Fazit: Wer von Dortmund bis nach Duisburg reist, sieht unterwegs die ganze Welt.

„Das ist die Hacke!“ Das war das sprachliche Rüstzeug, mit dem asiatische Bergarbeiter Anfang der 1960er-Jahre das Ruhrgebiet von unten entdeckten. Die Industrie warf damals ihre Köder aus und lockte die Welt ins Revier – so entstand der „Melting Pott“, der Schmelztiegel Ruhrgebiet. Wer kam, wollte eigentlich nicht lange bleiben. Doch aus Fremden wurden Freunde, aus Gastarbeitern wurden Migranten, aus dem Ruhrgebiet wurde eine bunte, internationale Gemeinschaft.

„Natürlich gibt es auch Probleme“, sagt WDR-Moderatorin Asli Sevindim, „aber wenn man bedenkt, wie viele Nationen im Ruhrgebiet auf engstem Raum zusammenleben, klappt das doch verdammt gut!“ Sevindim ist in Duisburg-Marxloh aufgewachsen, einem Hot Spot der Integrationsdebatte. Trotzdem oder gerade deswegen ist sie ganz vernarrt in ihre Heimat. Sie hält es mit Christian Morgenstern: „Alles, was man mit Liebe betrachtet, ist schön. Deshalb finde ich auch das Ruhrgebiet schön – schräg schön natürlich!“

Sami Yüregil betrachtet seine Isabel mit Liebe – und natürlich ist sie wunderschön in ihrem phänomenalen Brautkleid. Sami und Isabel sind das wohl beste Beispiel für das neue, das junge, das weltoffene Ruhrgebiet. Sie haben sich gesucht und gefunden: Sie gehen gemeinsam ihren Weg, der anfangs nicht einfach war. Isabels Mutter wollte eigentlich einen deutschen Schwiegersohn, auch Samis Eltern waren erstmal nicht begeistert. Doch das beste Mittel gegen multikulturelle Skepsis ist die grenzenlose Liebe! Die Familien haben sich kennen- und schätzen gelernt. Auf der Hochzeit von Sami und Isabel stehen sie alle miteinander glücklich auf der Tanzfläche, schwingen die Hüften und feiern eine Riesen-Sause.

„Ich bin keine Ausländer!“, sagt Wasili Dimitriadis voller Inbrunst. „Ich bin Europäer!“ Dass er auch Grieche ist, gefiel ihm früher schon mal besser, doch die Heimat seines Herzens ist ohnehin schon längst das Ruhrgebiet. Hier ist er einer von vielen, die diese Region zu einem multikulturellen Erlebnis machen.

Fernsehtipp: Wir sind NRW – Schmelztiegel Ruhrgebiet. In: MiGAZIN 24. 8. 2014. Online unter http://www.migazin.de/2012/08/24/schmelztiegel-ruhrgebiet/ [16. 3. 2015]

M2 | Landschaftsverband Westfalen-Lippe: Geschichte der Migration ins Ruhrgebiet (2015)

[…] Für den Wiederaufbau der Industrie und Städte wurden Ende der 1940er Jahre im Ruhrgebiet dringend Arbeitskräfte benötigt. Mehr als 600 000 Flüchtlinge und Vertriebene kamen ab 1949 ins Revier, um im Bergbau, der Eisen- und Stahlindustrie oder der Textilindustrie zu arbeiten. […]

Wiederaufbau und Wirtschaftswachstum brachten in den 1950er Jahren im Ruhrgebiet ein rasantes Wachstum. Flüchtlinge und Vertriebene trugen wesentlich zum Aufbau bei. Angesichts eines drohenden Arbeitskräftemangels schloss die Bundesregierung ab 1955 mit Italien, Spanien, Griechenland, der Türkei, Marokko, Portugal, Tunesien und Jugoslawien Abkommen zur Anwerbung von Arbeitern. Die Aussicht auf schnelles Geld lockte zunächst vor allem junge Männer aus den von Arbeitslosigkeit geplagten Regionen Südeuropas. Viele wollten schnell wieder in die Heimat zurückkehren, um sich dort eine eigene Existenz aufzubauen. Der erworbene Wohlstand führte jedoch oft dazu, dass sie länger blieben und ihre Familien nachholten. Vermehrt kamen nun auch Frauen als Arbeiterinnen für Industrie und Gewerbe. Mit der Wirtschaftskrise 1973 endete die gezielte Anwerbung. […]

In den 1980er- und 1990er-Jahren kamen zahlreiche Flüchtlinge und Spätaussiedler ins Ruhrgebiet. Nach dem Militärputsch in der Türkei suchten 1980 vor allem gut ausgebildete Kurden politisches Asyl. Das Verbot der Gewerkschaft Solidarnosc und die Verhängung des Kriegsrechts in Polen drängte rund 100 000 polnische Aktivisten und Bürgerrechtler nach Deutschland. Zeitgleich nutzten gut eine Million Menschen aus Polen den Status als deutsche Spätaussiedler zur Einwanderung nach Deutschland. Die meisten von ihnen zogen nach Berlin oder in das Ruhrgebiet. Nach dem Zusammenbruch der Sowjetunion erreichte der Zuzug von Spätaussiedlern 1992 einen neuen Höhepunkt. […]

Heute leben Menschen aus 170 Nationen im Ruhrgebiet. Mehr als 100 verschiedene Glaubensrichtungen werden praktiziert. Nachdem die industriellen Massenarbeitsplätze während des Strukturwandels entfallen sind, hat sich der Anteil von Kleingewerbetreibenden unter den Menschen mit Migrationsgeschichte deutlich erhöht. So finden sich heute in den großen Städten des Reviers oft Wohn- und Geschäftsviertel von Zuwanderern. Die lange Geschichte der Zuwanderung ins Ruhrgebiet und die Tradition der Solidarität der Menschen in der Region hilft heute im Ruhrgebiet oft, Lösungen für die kleinen und großen Konflikte im Zusammenleben zu finden und gemeinsame Perspektiven für die Zukunft zu entwickeln.

Landschaftsverband Westfalen-Lippe: Geschichte der Migration ins Ruhrgebiet. http://www.lwl.org/LWL/Kultur/wim/portal/S/hannover/ort/migration/wegmigration/ [17. 3. 2015]

M3 | Mehrsprachigkeit in Kindertagesstätten in NRW (ausgewählte Daten, 2013)

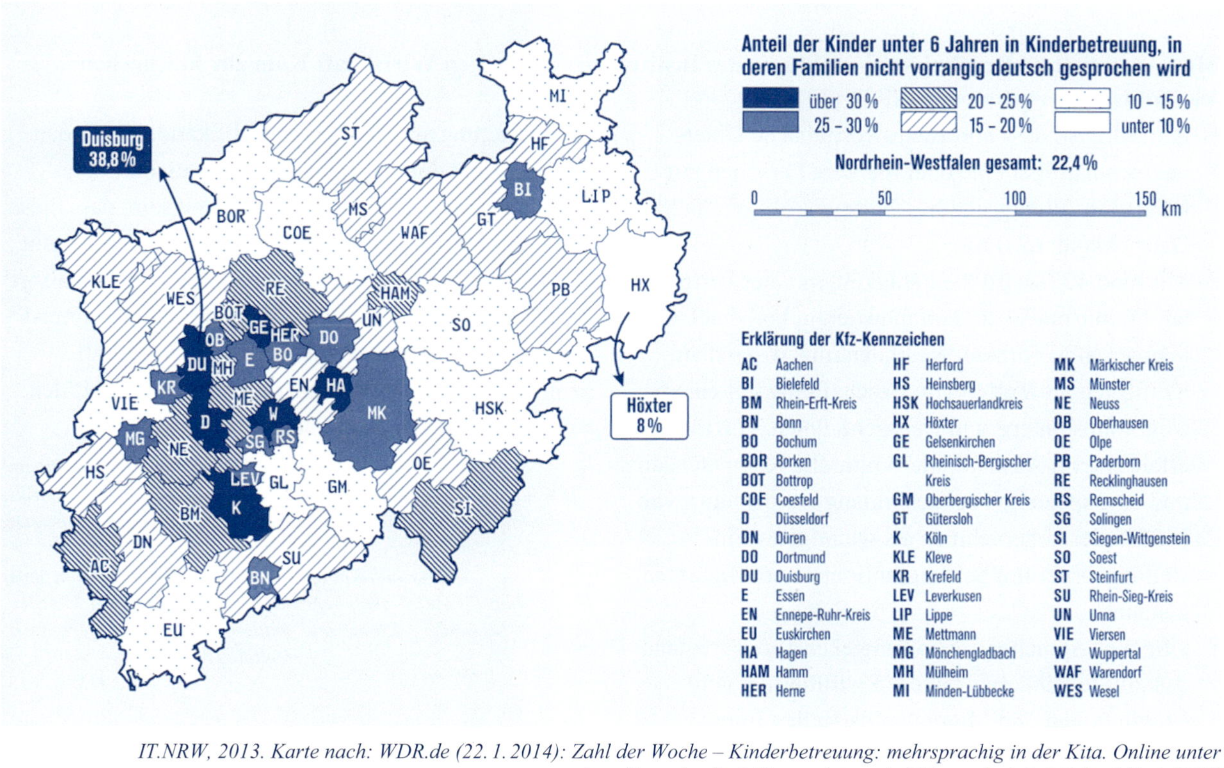

IT.NRW, 2013. Karte nach: WDR.de (22. 1. 2014): Zahl der Woche – Kinderbetreuung: mehrsprachig in der Kita. Online unter http://www1.wdr.de/themen/wissen/zahlderwoche/zdw248.html [9. 4. 2015]

M4 | Herkunftssprachlicher Unterricht in NRW

Herkunftssprachlicher Unterricht wird in NRW in 16 Sprachen angeboten: Albanisch, Arabisch, Bosnisch, Griechisch, Italienisch, Kroatisch, Kurdisch, Mazedonisch, Niederländisch, Polnisch, Portugiesisch, Russisch, Serbisch, Slowenisch, Spanisch, Türkisch.

Nach: Ministerium für Schule und Weiterbildung des Landes Nordrhein-Westfalen: Fragen und Antworten zum herkunftssprachlichen Unterricht. http://www.schulministerium.nrw.de/docs/Schulsystem/Unterricht/Lernbereiche-und-Faecher/Herkunftssprachlicher-Unterricht/Fragen-und-Antworten/index.html [15. 3. 2015]

M5 | Verordnung zu herkunftssprachlichem Unterricht in NRW

Für die Kinder und Jugendlichen mit Zuwanderungsgeschichte sind die mitgebrachten Herkunftssprachen und die Kultur der Herkunftsländer Teil ihrer Identität; sie sind für ihre Persönlichkeitsentwicklung von besonderer Bedeutung. Überdies ist Mehrsprachigkeit ein kultureller Reichtum in einer immer stärker zusammenwachsenden Welt. Darum wird durch das Land Nordrhein-Westfalen an den allgemeinbildenden Schulen Unterricht in den am meisten gesprochenen Herkunftssprachen angeboten. In der Sekundarstufe I kann nach Maßgabe des § 5 APO-S I (BASS 13 – 21 Nr. 1.1) Unterricht in der Herkunftssprache anstelle einer zweiten oder dritten Pflichtfremdsprache angeboten werden.

Aus: Erlass des Ministeriums für Schule und Weiterbildung NRW vom 21. 12. 2009 (ABl. NRW. 2/10 S. 93): Unterricht für Schülerinnen und Schüler mit Zuwanderungsgeschichte, insbesondere im Bereich der Sprachen. http://www.schulministerium.nrw.de/docs/Recht/Schulrecht/Erlasse/Herkunftssprache.pdf [17. 3. 2015]

M6 | Ausgewählte Ergebnisse einer Studie des Instituts der deutschen Wirtschaft Köln zur kulturellen Vielfalt in Unternehmen in NRW (2014)

- Auffällig ist, dass nordrhein-westfälische Unternehmen häufiger eine oder mehrere Personen mit Migrationshintergrund beschäftigen (NRW: 70,2 %, Deutschland: 62,0 %).
- Mit rund 42 % wird die Fähigkeit, in einer bestimmten Fremdsprache zu kommunzieren, von den Unternehmen in Nordrhein-Westfalen mit Abstand am häufigsten als Vorteil von Beschäftigen mit einem Migrationshintergrund wahrgenommen. Die Berufserfahrung im Ausland, interkulturelle Kompetenzen und eine spezielle Fachausbildung werden etwa von je 30 % der Unternehmen als wichtigstes Einstellungskriterium bei Migrantinnen und Migranten genannt.
- Obgleich Sprachbarrieren [umgekehrt] mit Abstand das größte Hindernis bei der Rekrutierung von Migrantinnen und Migranten darstellen [unzureichende Deutschkenntnisse werden als Hemmnis von 85 % der Unternehmen genannt], bietet nur rund jedes zehnte Unternehmen eine sprachliche Qualifizierung an. Fachliche Qualifikationen werden dagegen rund doppelt so häufig nachgeschult. Dies kann zum einen darauf zurückzuführen sein, dass diese „on the Job“ vermittelbar sind […]. Zum anderen gibt es auch nicht wenige Unternehmen, die Englisch als gemeinsame Arbeitssprache wählen oder ihre Kommunikation multilingual ausrichten. […] [K]ulturell gemischte Arbeitsteams sind in Nordrhein-Westfalen weiter verbreitet als andernorts.

Aus: Andrea Hammermann, Jörg Schmidt, Oliver Stettes: Beschäftigung von Zuwanderinnen und Zuwanderern und kulturelle Vielfalt in nordrhein-westfälischen Unternehmen. Eine Befragung auf Basis des IW-Personalpanels. Hrsg. vom Institut der deutschen Wirtschaft Köln. Köln 2014, S. 7, 16, 20. Online unter http://www.integration.nrw.de/Meldungen/pm2014/Minister_Schneider__Kleine_und_mittlere_Unternehmen_erkennen_Potentiale/IW-Studie-MAIS-2014.pdf [15. 3. 2015]

M7 | Inés Carrasco: Ruhrdeutsch – Die Sprache des Malochers (2013)

Doktor Stratmann, Tana Schanzara und Herbert Knebel kommen nicht nur aus dem Ruhrgebiet, sondern beherrschen auch seine Sprache in Perfektion. Was für sie künstlerisches Instrument für ihre kabarettistischen, komödiantischen und schauspielerischen Einlagen ist, versuchen aber viele Menschen, die aus dem Ruhrgebiet stammen, zu unterdrücken und in kostspieligen Sprechkursen abzutrainieren. Ruhrdeutsch gilt gesellschaftlich als nicht so chic wie zum Beispiel Bayerisch und ist zudem mit dem rußigen Image des Kohlenpott-Malochers behaftet. […]

Die Sprache des Reviers ist eng mit der Zuwanderung von Arbeitskräften in die damals aufstrebende Montanregion verbunden. Hunderttausende kamen innerhalb weniger Jahrzehnte aus den ostdeutschen, niederdeutschen, ostpreußischen und polnischen Gebieten, um sich in einer der wichtigsten Industrieregionen Europas niederzulassen. Zwischen Rhein und Ruhr entstand auf diese Weise innerhalb weniger Jahrzehnte eine vollkommen neue Bevölkerungsstruktur. Der bis dahin von der einheimischen Bevölkerung gesprochene niederdeutsche und niederfränkische Dialekt wurde mit dem Zuzug der Einwanderer immer mehr zurückgedrängt, und es entstand eine hochdeutsche Standardsprache, aus der sich später das Ruhrdeutsch, eine Art Alltagssprache, entwickelte.

Einfluss auf das Ruhrdeutsch hatte zum Teil auch die Sprache der Zuwanderer. So findet man in der Reviersprache zum Beispiel auch Begriffe aus dem Polnischen wie „Mottek“ (Hammer) oder „Mattka“ (Mutter). Auch jiddische und russische Begriffe wie „Mischpuche“ (Familie) und „Raboti“ (Arbeit) bereicherten die Sprache der Bergleute. Von der Bevölkerung wurden gerne durch das Anfügen einer verpolnischten Endung neue Begriffe kreiert, wie zum Beispiel „Pastek“ für Pastor. […] Sprachwissenschaftler stufen die Ruhrgebietssprache heute nicht als Mundart oder Dialekt, sondern als Regiolekt ein. Manche Wissenschaftler sprechen sogar von Soziolekt, da sie auch heute noch kennzeichnend für die Arbeiterschicht des Ruhrgebiets ist.

„Ich waa in Doatmund mit mein Omma ihr Hütkes inne Kiiache.“ Dieser Satz enthält einige sprachliche Merkmale des typischen Ruhrdeutsch. So wird zum Beispiel das „r“ durch ein „a“ ersetzt und lange Vokale wie beim Wort Oma (Omma) verkürzt. Das Zusammenziehen zweier Worte wie „in der“ zu „inne“ ist im Ruhrdeutschen gang und gäbe – ebenso wie die Verkettung von Nominativen „mein Omma ihr Hütkes“ und die Vertauschung von „dem“ und „den“. Ist dann das Ende eines Satzes noch mit einem Bestätigungsartikel wie „Nä?“ oder „Woll?“ geschmückt, ist der Ruhrgebietssatz schon fast perfekt. […]

Das belächelte Ruhrdeutsch – die Sprache der Arbeiterschicht, die man sich am liebsten so schnell wie möglich abgewöhnen möchte, wenn man auf der Karriereleiter aufsteigen will, hat so manch anderem erst zu einer Karriere verholfen. Schauspieler, Kabarettisten und Komödianten haben das Ruhrdeutsch als Instrument für ihre künstlerische Darstellung benutzt und sind damit über die Grenzen des Ruhrgebiets hinweg erfolgreich geworden: Tana Schanzara, Elke Heidenreich als Metzgersgattin Else Stratmann, Jürgen von Manger in seiner Paraderolle des Ruhrgebietsmalochers Adolf Tegtmeier, Diether Krebs, Uwe Lyko als Herbert Knebel oder Doktor Ludger Stratmann als Hausmeister Jupp. […] Ein musikalisches Denkmal setzte der gebürtige Bochumer Herbert Grönemeyer 1982 der Malochersprache: „Gehsse inne Stadt, wat macht dich da satt – ’ne Körriwuass! Kommsse vonne Schicht, wat Schön’ret gibbet nich als wie Körriwuass.“ „Currywurst“ gilt bis heute als eine Identifikationshymne für das Revier.

Inés Carrasco (31. 10. 2013): Ruhrdeutsch – Die Sprache des Malochers. http://www.planet-wissen.de/laender_leute/nordrhein_westfalen/essen/essen_ruhrdeutsch.jsp [15. 3. 2015]

M8 | Sprachliche Besonderheiten des Ruhrgebietsdeutschen (ausgewählte Beispiele)

Pluralformen auf -s beim Nomen/Substantiv	*die Dokters, die Kinders, die Gärtens […]*
Unreflektiertes Possessivpronomen	*mein Mutter, unser Tante, mit sein Auto*
-t statt -s im Auslaut	*allet, dat, dicket, wat, et*
g-Spirantisierung im Auslaut zu [ç] bzw. [x]	*folchlich, Berch, Betruch, tauchlich, Tach*

Aus: Christian Hagemann: Ruhrgebietsdeutsch. Ein historischer und sprachwissenschaftlicher Einblick. © Redaktion LINSE (Linguistik-Server Essen). Universität Duisburg-Essen, 2004, S. 20f. Online unter http://www.linse.uni-due.de/esel-seminararbeiten.html?articles=ruhrgebietsdeutsch-ein-historischer-und-sprachwissenschaftlicher-einblick [15. 3. 2015]

Name: Kurs: Datum:

1 Die Journalistin und Buchautorin Hatice Akyün, geboren 1969 in Anatolien, lebt seit 1972 in Deutschland. Analysieren Sie ihren Text: Beschreiben Sie die dargestellten Situationen unter Verwendung sprachwissenschaftlicher Fachsprache, arbeiten Sie die Thesen und ihre argumentative Stützung heraus und deuten Sie Besonderheiten in der Darstellung mit Blick auf die beabsichtigte Wirkung.

2 In Deutschland gilt das Beherrschen der deutschen Sprache als Schlüssel zur Integration. Prüfen Sie, inwieweit der Text diese Auffassung bestätigt.

Hatice Akyün: Babylon im Klassenzimmer: Schiwere Schipirache (2014)

Ey, isch bin Türkin, Hatice, Herz groß wie Fußball, aba nix wissen was Schipirache is. Aba mein Bruda Mustafa is richtisch fit im Kopp. Deutsche Schipirache, schiwere Schipirache, sacht er.

Vielleicht sind Sie jetzt verwirrt, vielleicht sogar schockiert, aber ich konnte es mir einfach nicht verkneifen, Ihnen ein paar Vorurteile zu bestätigen. Ein Satz, den ich von Deutschen sehr häufig höre, ist: Sie sprechen aber gut Deutsch. Und meine Antwort darauf lautet immer: Sie aber auch!

Wissen Sie, ich komme aus dem Ruhrgebiet. Da ist man erstens sehr direkt, mit der Meinung wird nicht lange hinterm Berg oder besser hinter der Halde gehalten, und zweitens ist man da schon viele Schritte weiter. […]

Aber entschuldigen Sie, ich habe mich noch nicht richtig vorgestellt: Ich bin Hatice Akyün, Türkin, aber auch Deutsche. Ausländerin, Muslima, Journalistin, Autorin und Miststück, je nachdem, wer mich gerade betrachtet. Ich bin quasi ein Paradebeispiel gelungener Integration. Und mein Name bedeutet nicht „die unter der Morgendämmerung aufgehende, mit Tau benetzte Sonnenblume von den Hügeln Anatoliens“. […]

Aufgewachsen bin ich in Duisburg-Marxloh. Falls Ihnen das nichts sagt: Denken Sie einfach an Neukölln, Moabit oder den Wedding! Die, die es nicht kennen, trauen sich erst gar nicht dahin. Dort gehen die Türken jeden Tag mit dem Messer aufeinander los. Wer kein Türkisch spricht, kann am Hermannplatz in Berlin-Neukölln nicht einmal bei der Telekom einen Vertrag abschließen. Und wer versucht, mit Jugendlichen auf der Straße zu sprechen, bekommt gleich die Brieftasche abgenommen. Vorurteile machen das Leben wirklich leichter.

Wenn ich diese Jugendlichen am Hermannplatz sehe, muss ich an meinen geliebten kleinen Bruder Mustafa denken, der mit seinem 3er-BMW herumkurvt und mir Handys andreht, die ich nicht brauche, aber ich bekomme sie besonders günstig, weil ich seine „Schiwesta“ bin. Er ist ein echter Filou, mittlerweile Mitte zwanzig. Er ist ein Macho mit äußerst liebenswerten Seiten, und er könnte perfekt Deutsch sprechen, aber das will er nicht. Wenn ich ihn frage, wie es denn mit seiner Freundin läuft, antwortet er: „Ey hab isch mit die Schuluss gemacht.“ Dann korrigiere ich ihn: „Mustafa, das heißt, mit ihr habe ich Schluss gemacht.“ Und er sagt cool, mit einem schiefen Lächeln: „Is Määdschen, is doch die.“ Ich hab’ ihn mal gefragt, ob er sich als wandelndes Klischee nicht auch mal lächerlich vorkommt, seine Antwort lieferte er im feinsten Hochdeutsch, etwa so: „Liebe Schwester, mische ich mich in deine Angelegenheiten? Also, bitte!“ […]

[E]s ist sicher falsch, die Gräben zu vertiefen oder in hübsch voneinander getrennten Welten zu leben. Wir leben doch in einer Stadt. Oder glauben Sie, wir wollten das so? Dass Neukölln fast rein türkisch ist und weder in der Schule noch auf der Straße Deutsch gelernt werden kann? In den Siebzigerjahren in Marxloh war das noch anders. In unserer Straße wohnten Zechenarbeiter, wie mein Vater. Es waren Türken, Polen und Italiener, aber vor allem deutsche Kumpel, mit deren Kindern wir auf der Straße spielten, die bei uns ein und aus gingen und durch die ich überhaupt Deutsch gelernt habe. Es war unsere heile Welt, mitten in Deutschland. […]

[W]enn irgendjemand anhand irgendwelcher Zeugnisse an einem türkischen Jungen oder einem türkischen Mädchen zweifelt und nicht weiß, ob er oder sie den Anforderungen wirklich genügen kann, darf man auch einfach an mich denken, mein Fall funktioniert als Beispiel – wie man es trotz Jugend in Duisburg-Marxloh, Hauptschulabschluss und Migrationshintergrund schaffen kann, Deutsch zu lernen, die deutsche Verfassung zu lieben, sich in Deutschland beheimatet zu fühlen und deutsche Verleger und Herausgeber mit deutschsprachigen Artikeln und Büchern zufriedenzustellen.

Hatice Akyün (25. 3. 2014): Babylon im Klassenzimmer: Schiwere Schipirache. http://www.goethe.de/lhr/prj/daz/mag/spr/de12538693.htm [16. 3. 2015]

Didaktischer Kommentar

Mehrsprachigkeit als Thema im Deutschunterricht
Mehrsprachigkeit ist in der Lebenswelt der heutigen Schüler/innen ständig präsent. Wird dieses Phänomen im Unterricht thematisiert, so bietet es sich an, persönliche Zugänge zu wählen und diese mit erkenntniserweiternden Beispielen und theoretischen Erklärungsmodellen zu fundieren. Dieser Weg wird in den vorliegenden Kopiervorlagen vorgeschlagen.

Mehrsprachigkeit und Identität
Im ersten Themenblock wird die Frage gestellt, inwieweit unsere Sprachen unsere Identität prägen. Sprachporträts sind eine kreative Möglichkeit, zunächst die eigene Sprachlichkeit zu visualisieren. Texte von mehrsprachigen jungen Menschen bieten anschließend die Grundlage, um die Abhängigkeiten zwischen Identität, Heimat und Sprache zu diskutieren.

Zentrale Aspekte von Mehrsprachigkeit
Der Begriff Mehrsprachigkeit ist vielfältig und verlangt eine Klärung, die in diesem Abschnitt an Grundlagentexten mit hohem definitorischen Anteil erfolgt. Ergänzt wird der Überblick durch die philosophiegeschichtlich bedeutsame Frage, wie Sprache und Mehrsprachigkeit unsere Weltsicht beeinflussen. Der schulische Umgang mit Mehrsprachigkeit wird bereits hier über einen argumentativen Text mit einbezogen.

Facetten der Mehrsprachigkeit
Nach einer Auseinandersetzung mit dem mehrsprachigen Spracherwerb werden Spielarten der Mehrsprachigkeit behandelt, um das Phänomen facettenreich zu erschließen: Individuelle Mehrsprachigkeit wird über die Frage beleuchtet, welche Funktion das vielfach beobachtbare Code-Switching mehrsprachiger Jugendlicher hat. Territoriale Mehrsprachigkeit wird an einem klassischen mehrsprachigen Land – der Schweiz – mit Blick auf damit verbundene politische Fragen eingeführt und in einem Projekt auch auf deutsche Städte bezogen. Institutionelle Mehrsprachigkeit findet man etwa in der EU – hierzu werden unterschiedliche Grundhaltungen erörtert – wie auch in Form der anerkannten „Minderheitensprachen" in Deutschland. Neben diesen Dimensionen äußerer Mehrsprachigkeit wird dann die innere Mehrsprachigkeit vornehmlich am Dialektgebrauch thematisiert, dessen gesellschaftliche Akzeptanz sich stark gewandelt hat.

Sprachwandel durch Mehrsprachigkeit
Wurden die Sprachen innerhalb der Mehrsprachigkeit bis hierher nur als statische Phänomene betrachtet, so geht es im folgenden Teil um den Sprachwandel: Hat Mehrsprachigkeit die Kraft, etwa das Deutsche zu verändern?

Schwerpunkte des Lernens
Der Schwerpunkt der unterrichtlichen Arbeit wird naturgemäß in der *Sprachreflexion* bestehen. Die Lernenden werden mehr und mehr Sprachvarietäten kennen und erläutern können sowie soziokulturelle Hintergründe aktueller Sprachentwicklungen beschreiben lernen. Dabei setzen sie sich im Bereich *Texte/Literatur* vor allem mit kontinuierlichen und diskontinuierlichen Sachtexten auseinander, die sie zur Informationsentnahme nutzen, aber auch hinsichtlich ihrer Kernaussagen, ihrer argumentativen Struktur und ihrer Wirkungsabsicht analysieren. Im Bereich *Kommunikation* werden insbesondere auf der metakommunikativen Ebene Wirkungen von Sprechweisen beleuchtet. Nur am Rande wird der Bereich *Medien* berührt, etwa wenn die Dialektangleichung auch auf mediale Vermittlungsarten von Sprache zurückgeführt wird.
Neben diesen *rezeptiven* Fähigkeiten werden im Bereich der *Produktion* vor allem das argumentative Sprechen und das argumentativ-informierende Schreiben gestärkt.

Vorschläge für Lernaufgaben und Klausuren
Im Schlussteil wird das materialgestützte Schreiben geübt. Neben der Klausuraufgabe mit Bewertungsbogen wird in diesen Kopiervorlagen auch eine Lernaufgabe angeboten, die den Schülerinnen und Schülern mit umfangreichem Begleitmaterial die Möglichkeit gibt, die erforderliche komplexe Verbindung von Lese- und Schreibprozessen angeleitet zu üben.

Vorbereitet sind diese Aufgaben durch die Arbeitsblätter: Die Informationsentnahme wird etwa in den Materialien zur Begriffsklärung und zum Spracherwerb (S. 10, 16) trainiert, die informierende Wiedergabe von Zusammenhängen in unterschiedlichen Kontexten erprobt (S. 15, 19, 21) und im Projektvorschlag umfassend geleistet (S. 20). Erklärungen und argumentative Entfaltungen werden die Lernenden etwa zu den Themenbereichen des Dialekts (S. 23) oder des Sprachwandels (S. 28) gestalten. Die für das materialgestützte Schreiben erforderlichen Teilfertigkeiten sind insofern vorher geübt worden und können mit der Lernaufgabe als Klausurvorbereitung vertieft werden. Ergänzt wird das Material um einen zweiten Klausurvorschlag (Sachtextanalyse mit weiterführendem Schreibauftrag).

Minimalprogramm
Ist die Unterrichtszeit knapp, wird folgendes Minimalprogramm empfohlen:
1. Die identitätsbildende Kraft von Mehrsprachigkeit betrachten (Kopiervorlagen S. 6, 7, 8)
2. Grundlagen und Fakten zur Mehrsprachigkeit kennen lernen (Kopiervorlagen S. 10, 12)
3. Facetten der Mehrsprachigkeit kennen und erklären lernen (Kopiervorlagen S. 14, 15, 22)
4. Sprachwandel beleuchten (Kopiervorlage S. 27 f.)
5. Klausurtraining (Kopiervorlagen S. 32 ff.)

Literaturhinweise

Achilles, Ilse / *Pighin*, Gerda: Vernäht und zugeflixt. Von Versprechern, Flüchen, Dialekten & Co. Mannheim: Duden 2008
Ackermann, Irmgard (Hrsg.): In zwei Sprachen leben. Berichte, Erzählungen, Gedichte von Ausländern. München: Deutscher Taschenbuchverlag 1983
Ahrenholz, Bernt / *Oomen-Welke*, Ingelore (Hrsg.): Deutsch als Zweitsprache. Baltmannsweiler: Schneider Hohengehren 2008
Ammon, Ulrich u. a. (Hrsg.): Variantenwörterbuch des Deutschen. Die Standardsprache in Österreich, der Schweiz und Deutschland sowie in Liechtenstein, Luxemburg, Ostbelgien und Südtirol. Berlin, New York: de Gruyter 2004
Bausch, K.-R. u. a. (Hrsg.): Mehrsprachigkeit irgendwas, irgendwie. Arbeitspapiere der 24. Frühjahrskonferenz zur Erforschung d. Fremdsprachenunterrichts. Tübingen: Narr 2004
Bernhard, Gerald / *Lebsanft*, Franz (Hrsg.): Mehrsprachigkeit im Ruhrgebiet. Tübingen: Stauffenburg 2013
Busch, Brigitta: Mehrsprachigkeit. Wien: Facultas (UTB) 2013
Deutschunterricht: Sonderheft: Das mehrsprachige Klassenzimmer. 6/2010
Glück, Helmut: Metzler Lexikon Sprache. Stuttgart/Weimar: Metzler. 4., akt. u. überarb. Aufl. 2014
Göttert, Karl-Heinz: Alles außer Hochdeutsch. Ein Streifzug durch unsere Dialekte. Berlin: Beck 2013
Hagemann, Christian: Ruhrgebietsdeutsch. Ein historischer und sprachwissenschaftlicher Einblick. © Redaktion LINSE (Linguistik-Server Essen). Universität Duisburg-Essen, 2004, S. 20 f.
Hinrichs, Uwe: Multi Kulti Deutsch. Wie Migration die deutsche Sprache verändert. Berlin: Ullstein 2011
Knifka, Manfred u. a. (Hrsg.): Das mehrsprachige Klassenzimmer. Über die Muttersprachen unserer Schüler. Heidelberg: Springer 2014
König, Werner: dtv-Atlas Deutsche Sprache. München: dtv. 18. Aufl. 2015
Köster, Friederike / *Nickel*, Artur: Fremd und doch daheim?! Kinder und Jugendliche zwischen den Kulturen. Vechta: Geest 2005
Limbach, Jutta (Hrsg.): Eingewanderte Wörter. Ismaning: Huber 2008
Menge, Heinz H.: Mein lieber Kokoschinski. Der Ruhrdialekt. Bottrop: Henselowsky 2013
Praxis Deutsch: Sprachliche Heterogenität. Heft 202, 03/2007
Riehl, Claudia Maria: Mehrsprachigkeit. Eine Einführung. Darmstadt: Wissenschaftliche Buchgesellschaft 2014
Roche, Jörg: Mehrsprachigkeitstheorie. Erwerb – Kognition – Transkulturation – Ökologie. Tübingen: Narr 2013
Schneider, Frank: Sprachursprung – Sprachskepsis – Sprachwandel. Diskussionen über die Sprache von Herder bis heute. Hrsg. von Johannes Diekhans. Paderborn: Schöningh 2009
Wandruszka, Mario: Die Mehrsprachigkeit des Menschen. München, Zürich: Piper 1979
Wiese, Heike: Kiezdeutsch. Ein neuer Dialekt entsteht. München: Beck 2012

Lösungen

Meine Sprachenbiografie – Den eigenen Sprachenzuwachs reflektieren

S. 5

4 Geht man vom erweiterten Begriff der Mehrsprachigkeit aus, sind vermutlich alle Schüler/innen mehrsprachig, da sie mehrere Sprachen alltagstauglich beherrschen (äußere Mehrsprachigkeit). Inwieweit sie auch über eine innere Mehrsprachigkeit verfügen, also z.B. einen Dialekt beherrschen, ist separat zu erfragen.

„Das Herz ist polnisch ...“ – Sprachporträts deuten

S. 6

1 Die Sprachenporträts sind eine von Hans-Jürgen Krumm entwickelte kreative Methode, die ursprünglich zum Ziel hatte, die Sprachbewusstheit in mehrsprachigen Klassen zu stärken (vgl. Riehl 2014, S. 25). Sie fördern auch die Einsicht, dass die Bedeutung der einzelnen Sprachen für die Identität ein Akt der Konstruktion des Individuums ist.

b Mögliche Deutung: Vermutlich nimmt Deutsch hier einen größeren Raum ein, da die Frau es in Deutschland häufiger verwendet als Türkisch. Das Herz zeichnet sie geteilt, aber im Kern türkisch. Die Hände sind mit Deutsch belegt, vermutlich weil häufig auf Deutsch geschrieben wird, die Daumen jedoch sind mit Türkisch gekennzeichnet (steht evtl. für Schreiben und weitere Tätigkeiten). Den Beinen sind alle beherrschten Sprachen einschließlich Englisch zugeordnet. Das könnte bedeuten, dass die Frau in allen drei Sprachen „stehen / sich bewegen“ kann – auch im übertragenen Sinne. Die Ohren sind mit allen drei Sprachen markiert, weil alle drei verstanden werden.

c Im Bild des Vaters wird das Türkische vermutlich einen deutlich größeren Anteil haben.

3 *Mögliche Lösung:*

- Identität und Selbstwahrnehmung haben (auch) mit den Sprachen zu tun, die unser Leben prägen.
- Mehrsprachige Menschen empfinden ihre sprachliche Identität als vielschichtig aus verschiedenen sprachlichen Identitäten zusammengesetzt (vgl. Lösungshinweise zur „hybriden Identität“, S. 8, Aufg. 2).
- Die Bedeutung der einzelnen Sprachen wird in einem individuellen Prozess von den Sprecherinnen und Sprechern bewertet und damit Identität konstruiert.
- Die Nutzbarkeit im Alltag und die emotionale Verbindung zur Sprache sind zwei wichtige Komponenten in der Bewertung der Sprachen.

Sprache und Heimat – Autobiografische Texte untersuchen

S. 8

1 b Heimat ist für die drei Autor/innen auf unterschiedliche Weise mit Sprache verbunden: Für Katja Azorina ist ihre Heimat Weißrussland im Zusammensein mit der Familie präsent (Z. 25 ff.), namentlich über die Sprache und das Essen („wir kochen und sprechen russisch“). Am Gymnasium hat sie offenbar ihre sprachliche Besonderheit als Anlass von Ausgrenzung seitens der anderen erlebt (Z. 17 ff.). Ihr perfektes Deutsch lässt es wohl mittlerweile zu, sich als Deutsche zu fühlen (Z. 27) bzw. sich gar nicht mehr die Frage zu stellen, ob sie „deutsch oder russisch“ ist (Z. 28 ff.).

Hinweis: Am Beispiel der häuslichen Situation Katjas können die Begriffe **we-code** und **they-code** eingeführt werden: Der they-code bezeichnet die dominante Sprache in einer Gesellschaft, der für distanzierte Äußerungen benutzt wird. Hingegen wird der we-code (in der Regel die Muttersprache bzw. die Sprache des Herkunftslands) für Äußerungen mit hoher persönlicher Involviertheit genutzt (vgl. Riehl 2014, S. 81).

Michel Boirons Geschichte beschreibt die Vorstellung der Großmutter, dass eine fremde Sprache Heimat und Vertrautheit bedrohe. Derya Karaoglan fühlt sich „daheim“ (Z. 2) bei einem türkischen Fest, das sie in Deutschland besucht. Sie hebt positiv hervor, dass viele Deutsche dabei teilnehmen und versuchen, Türkisch zu sprechen und zu verstehen. Interesse und Akzeptanz (hier: für die türkische Sprache) sind also zentrale Bedingung des Sich-Heimischfühlens.

2 a Beide Mädchen verdeutlichen in unterschiedlicher Weise, wie sehr das Gefühl von „heimisch sein“ mit der Wahrnehmung der Mehrsprachigkeit durch die Mehrheitsgesellschaft zusammenhängt. Bei Katja Azorina führt die Markierung der sprachlichen Besonderheit („Warum hast du so einen Akzent?“, Z. 21 f.) dazu, dass sie sich im Gymnasium als fremd, als „Ausländerin“ (Z. 18), fühlt. Hingegen sieht Derya Karaoglan das Interesse an ihrer türkischen Sprache als Ausdruck von Wertschätzung (Mehrsprachigkeit nicht als „seltsam“, sondern als spannend und bereichernd).

b Am deutlichsten wird die hybride Identität bei Katja Azorina, die explizit bezogen auf ihre russische bzw. deutsche Identität von sich sagt: „Vielleicht auch ein bisschen dazwischen." (Z. 28) Für Derya Karaoglan ist die erfahrene Wertschätzung für ihre „türkischen Anteile" (Sprache, Feste) wichtig für ihr Zugehörigkeitsgefühl und ihre positive Identifikation mit Deutschland insgesamt.
Hinweis: Weiterführend kann man fragen, inwiefern man bei der Definition der „hybriden Identität" von kulturellen „Räumen" sprechen sollte, da es ja in der Regel um in Deutschland geborene Kinder/Jugendliche „mit Migrationshintergrund" geht, die in *einem* Raum (ihrem Umfeld in Deutschland) unterschiedliche Denkmuster, Einstellungen, soziale Gepflogenheiten erleben, verarbeiten und individuell in ihre Identität integrieren.

- Bei Michel Boiron kann man nur vermuten, dass er eine „hybride Identität" entwickelt hat (in Frankreich sozialisiert, als junger Erwachsener nach Deutschland gezogen, als Autor dem Französischen „treu geblieben").

Sprache und Identität – Aussagen von Mehrsprachlern interpretieren

S. 9

2 *Mögliche Antworten*:
Der Junge bezeichnet seine Muttersprache als „nicht so wichtig" für sich und seine Familie, obwohl die Familie miteinander nur in dieser kommuniziert. Letzteres widerspricht auch seiner Behauptung, die Muttersprache nicht oft zu verwenden. In den Antworten des Jungen spiegelt sich die Erfahrung, dass seine Muttersprache in Deutschland nicht geschätzt, sondern als Behinderung für die Integration gesehen wird (Mehrsprachigkeitsparadox). Daher zeigt er das vermutete erwünschte Verhalten, indem er auf Nachfrage die Bedeutung seiner Muttersprache als gering einordnet.

„Mehrsprachigkeit" – Einen Begriff anhand von Material schärfen

S. 10

1 B ist falsch: In den Niederlanden geben 55 oder mehr Prozent der Menschen an, in mindestens zwei Sprachen Gespräche führen zu können. In Deutschland sind es nur 28 Prozent.

Sprache als „Weltansicht" – Sprachenvielfalt philosophisch deuten

S. 11

1 *Mögliche Antworten:*
Die Sicht auf die bezeichneten Gegenstände ist offenbar unterschiedlich: Während etwa im Deutschen das Rote am *Rotkehlchen* an der Kehle verortet wird, wird es im Englischen dem Brustbereich zugeschrieben. Im Englischen wird der Unterschied zwischen physikalischem und metaphysischem *Himmel* sprachlich markiert, im Deutschen der Eindruck einer Einheit vermittelt. Das englische Wort für *Nachbar/in* ist geschlechtsneutral, während im Deutschen zumindest beim Bezug auf eine bestimmte gemeinte Person das Geschlecht markiert wird: *Nachbar* oder *Nachbarin*. Das spanische Wort ganar kann sowohl *gewinnen* bedeuten (ohne Zutun) als auch *(Geld) verdienen*. Das Deutsche unterscheidet zwischen den beiden Möglichkeiten (etwas ohne/mit Zutun erhalten). Während das deutsche Wort *selbstbewusst* die Bedeutung von *selbstsicher* (sich seiner Stärken bewusst) hat, verweist sein „false friend", das englische Wort *self-conscious*, auf die negativen Folgen eines (zu) starken Bewusstseins seiner selbst: Es bedeutet *befangen* (engl. *selbstbewusst* heißt stattdessen *self-confident*).

2 Antwort B trifft die Auffassung von Deutscher.

3 Mehrsprachigkeit sieht Humboldt als Zugewinn (Z. 13 ff.), weil sich mit jeder Sprache ein „neuer Standpunkt" in der Weltsicht auftut. Deutscher sieht es vermutlich ähnlich: Im Erlernen einer anderen Sprache werden uns die Denkgewohnheiten bewusst, die uns die Muttersprache nahelegt.

Vorteil Mehrsprachigkeit? – Bewertungen eines Phänomens vergleichen

S. 12

Das Arbeitsblatt kann arbeitsteilig verwendet werden: Eine Hälfte der Klasse bearbeitet Aufgabe 1, die andere Aufgabe 2. Im Lerntempoduett (Wer aus Gruppe 1 fertig ist, wartet auf den Ersten aus Gruppe 2, diese beiden arbeiten dann zusammen) kommen jeweils Paare zu Aufgabe 1 und 2 zusammen, stellen sich ihre Ergebnisse gegenseitig vor und beschäftigen sich mit Aufgabe 3. Aufgabe 4 kann anschließend im Plenum diskutiert werden.

1 a Laut Degener sind folgende Fähigkeiten bei mehrsprachigen Menschen stärker ausgeprägt: Störgeräusche ausblenden, konkurrierende Aufgaben lösen, Multitasking-Aufgaben lösen, vermutlich auch soziale Fähigkeiten.
b Boeckmann beschreibt das Phänomen der **Aufmerksamkeitskontrolle**, die bei mehrsprachigen Menschen besonders ausgeprägt ist: Sie sind gewohnt, beim Sprechen stets eine Sprache auszublenden. Die Fähigkeit, sich auf eine Sache zu konzentrieren, hilft offenbar auch bei anderen Aufgaben.
Hinweis: Hier kann ggf. der Begriff **Inhibition** eingeführt werden, d. h. die Fähigkeit, Elemente der gerade nicht verwendeten Sprache zu deaktivieren.

2 a Die Doppelmoral zeigt sich etwa darin, dass trotz der Forderung nach Mehrsprachigkeit nur bestimmte Zweisprachigkeiten wie Deutsch/Englisch oder Deutsch/Spanisch hoch geschätzt, andere wie Deutsch/Türkisch oder Deutsch/Kurdisch dagegen geradezu negativ bewertet (Z. 4–13) werden.
b Bilinguale Kindergärten und bilingualer Unterricht widersprechen Tracys Thesen nicht, da in der Regel statushohe Sprachen wie Englisch oder Französisch angeboten werden.

3 *Mögliche Antwort:*
Vielsprachigkeit ist in jedem Fall ein Vorteil für das Individuum, der sich auch auf nichtsprachliche Bereiche erstreckt. Wünschenswert ist eine grundlegende Wertschätzung von Mehrsprachigkeit, zumal diese in unserer Gesellschaft zusehends nicht der Ausnahme-, sondern der Normalfall ist.

Mehrsprachigkeit als schulisches Ziel? – Eine Argumentation erschließen S. 13

1 Die Ergebnisse von Teilaufgabe b können in einer Klassendiskussion präsentiert und erörtert werden.

2 a *Mögliche Antwort:*

These	Argumente
Mehrsprachigkeit ist in einer globalisierten Welt eine naheliegende Forderung (Z. 3 ff.).	Die Integration von Kulturen, Arbeitsmobilität, Internationalisierung und Multikulturalität erfordern Mehrsprachigkeit (Z. 5 ff.).
Die Schule kann keine Mehrsprachigkeit vermitteln (Z. 29 ff.).	Nur Exemplarisches und grundlegende Fähigkeiten können Schulziele sein (Z. 18 ff.); Mehrsprachigkeit scheitert schon an der Wahl der jeweils passenden Sprache (Z. 35 ff.).
Die Schule sollte ein Fach anbieten, das die Vielfalt der Sprachen thematisiert.	Nur dies kann eine Basis für spätere Mehrsprachigkeit sein (Z. 56 ff.): Schulung von Sprachlernstrategien und -bewusstheit

Hinweis: **Language-Awareness-Konzepte** tragen Züge einer allgemeinen Sprachdidaktik, da sie auf Sprachbegegnung, -bewusstsein, -sensibilisierung setzen (vgl. Ahrenholz/Oomen-Welke 2008, S. 482).

b

Gegenposition	Entkräftung
Schule muss Mehrsprachigkeit fördern.	Eine direkte Förderung ist weder möglich noch Aufgabe der Schule.
Jede/r soll mindestens zwei Fremdsprachen erlernen.	Dies kann Schule nicht individuell angepasst leisten, sondern sie kann nur die Voraussetzungen dafür schaffen.

Mehrsprachigkeit konkret – Facetten des Begriffs beispielhaft klären ▶ S. 14

Dieses Arbeitsblatt kann auch für eine erste Wiederholung genutzt werden: Die Texte werden vergrößert ausgehängt. Die Lernenden gehen jeweils zu zweit daran vorbei und beschreiben jedes Phänomen mit den bisher erarbeiteten Fachbegriffen.

2

Art der Mehrsprachigkeit	individuelle	territoriale	institutionelle	äußere	innere
Beispiele	A, B (viele Einwohner beherrschen mehrere Sprachen), C (Trappatonis Muttersprache ist Italienisch)	A (Landessprachen in Deutschland), B	D (Universität Viadrina: mehrsprachige Studiengänge); Amtssprachen der EU (vgl. S. 27 f.)	Beispiel: Schweiz (vgl. S. 20), Kanada u. a. Länder; Minderheitensprachen in Deutschland (vgl. S. 26), B, C	A (Dialekte in Deutschland); Fachsprachen

Mehrsprachiger Spracherwerb – Ein Phänomen mit Material erschließen ▶ S. 15 ff.

1 a Frage 1 spielt auf das Prinzip „Eine Person – eine Sprache“ an, das heute umstritten ist, da es in der Realität kaum umsetzbar und sein Nutzen auch empirisch nicht durchgängig nachweisbar ist (vgl. Riehl 2014, S. 83).

2 a Gemäß dem Text des Logopädenverbands wäre dreimal „Nein“ anzukreuzen.
b Der Spracherwerb mehrsprachiger Kinder verläuft nicht langsamer als bei einsprachigen Kindern, sondern teilweise sogar schneller. Mischäußerungen und Interferenzen sind keine Hinweise auf Sprachstörungen, sondern normale Phänomene, die in der Regel im Laufe der Sprachentwicklung verschwinden.

3 und **4** *Mögliche Lösung:*

1. Sprechen Sie mit dem Kind immer in der Sprache, die Sie perfekt beherrschen, denn nur so sind Sie ein gutes Sprachvorbild (Schulz: Das Bildungssystem muss für das Deutschlernen sorgen, nicht Eltern, die selbst nicht perfekt Deutsch können).
2. Sorgen Sie dafür, dass Ihr Kind in unterschiedlichen Zusammenhängen die beiden Sprachen spricht, denn so vervielfältigen Sie das sprachliche Angebot (Schulz: Das Phänomen einer *doppelten Halbsprachigkeit* existiert nicht bzw. kann durch solch einen vielfältigen Input verhindert werden.).

Hinweis: Hier kann der Begriff **Immersion** (auch: „Sprachbad“) eingeführt werden. Er bezeichnet eine Zwischenform zwischen gesteuertem und ungesteuertem Spracherwerb. Dieser findet statt, wenn (z. B. an einer Schule) die Sprache nicht als Unterrichtsgegenstand, sondern als Kommunikationsmittel fungiert (Glück 2010, S. 240).

5 **Mehrsprachiger Spracherwerb**

Typische Kennzeichen

- Asynchronität des Verlaufs
- metasprachliche Fähigkeiten
- Mischäußerungen
- Interferenzen

Möglichkeiten der Unterstützung

- hohe Qualität des Inputs → Erwachsene sprechen mit dem Kind in der Sprache, die sie am besten beherrschen
- hohe Quantität des Inputs → möglichst häufige Sprachanwendung in unterschiedlichen Sprachsituationen

Code-Switching – Das Spiel der Mehrsprachigen analysieren

▶ S. 18 f.

1 *Mögliche Lösung:*

I) Im Gedicht von Murat Güver findet Code-Switching innerhalb der Sätze statt oder auch zwischen Teilsätzen. Das lyrische Ich wechselt in die Muttersprache v. a. bei Wörtern, die Gefühle ausdrücken („miserabel“, „vermisse etwas“, „unbehaglich“). Möglich ist, dass das deutsche Wort dem Sprecher an der Stelle fehlt oder aber dass er seine Gefühle am besten in seiner Erstsprache ausdrücken kann/will (wie oft bei mehrsprachigen Menschen der Fall). Beim Wort „unzufriedenim“ wird gespielt mit der Verbindung der beiden Sprachen, dabei auch die innere Zerrissenheit des lyrischen Ichs ausgedrückt. Diese wird auch durch den Sprachwechsel zwischen den letzten beiden Sätzen gespiegelt („Wer bin ich? Ich weiß nicht!“)
II) Beim Dialog der beiden Schüler könnte das spielerische Hin-und-her-Wechseln zwischen den beiden Sprachen einfach der Abwechslung in der Situation des Wartens dienen. Oder es entspricht dem unter den Freunden üblichen, täglich verwendeten Code-Switching (Soziolekt, Jugendsprache).

2 a Der Titel „Isch Thomas Mann“ suggeriert zunächst, dass der Sprecher sich als Thomas Mann bezeichnet oder mit ihm vergleicht, was seine Sprachverwendung ironisch zu kommentieren scheint. Am Textende wird die Frage geklärt durch die „Übersetzung“ in den vollständigen Satz: „Ich bin in der Thomas-Mann-Straße.“
b Früher wurde Code-Switching als defizitär gesehen, als „doppelte Halbsprachigkeit“ oder „unzureichende Zweitsprachkompetenz“ (Z. 28 ff.). Heute steht dem die konträre Sicht gegenüber, dass Code-Switching eine Leistung (Z. 22) sei, die „viel Hirnschmalz“ verlange (Z. 25).
c Es werden mehrere Motive bzw. Funktionen genannt (Z. 40 ff.); die Beispiele deuten v. a. auf Motiv 5.
1) Ein Fremdwort aus der anderen Sprache kann den Sprachwechsel auslösen.
2) Man kennt das Wort nur in einer Sprache oder kann sich in dieser grammatisch einfacher ausdrücken.
3) Man passt sich dem Vorredner an.
4) Man wechselt manchmal einfach aus „Unfug“ (Z. 48).
5) Man nutzt den Wechsel zur Markierung (z. B. Erzählung: Zitat, neuer Erzählstrang …).
6) Man will Anwesende ein- oder ausschließen (we-code <-> they-code (-> S. 45, Lösung zu S. 8).
7) Man schafft ein Heimatgefühl.

3 a Indem der deutsche Dichterfürst Goethe angeführt wird, wird das Code-Switching abgewertet und gewissermaßen an das andere Ende der Bildung(ssprache) verwiesen.

Beispiel Schweiz – Kontroversen zur territorialen Mehrsprachigkeit erörtern

▶ S. 20

1 *Mögliche Lösungen:*

a Die Sprachenvielfalt spiegelt sich in der Präambel in der Betonung der Achtung vor der „Vielfalt in der Einheit“, ggf. auch im Hinweis auf die „Offenheit gegenüber der Welt“ und die „gegenseitige Rücksichtnahme“ (-> auch Berücksichtigung von sprachlichen Minderheiten).
b Im Alltag bedeutet dies z. B., dass man bei Briefen an Behörden die Wahl zwischen den vier Sprachen hat und auch das Recht auf eine Antwort in der gewählten Sprache.
c Vermutlich sind in den verschiedenen Landesteilen die dort vorherrschenden Sprachen dominant, doch werden die anderen Landessprachen besonders berücksichtigt (Zweitsprachenerwerb, mehrsprachige Medienangebote).

2 a Es geht um die Frage, ob in Schweizer Grundschulen zwei Fremdsprachen gelernt werden sollen (Englisch sowie eine Landessprache) oder nur eine (Englisch – oder aber eine andere? Vgl. Z. 15 ff.).
b Argumente für nur eine Fremdsprache in der Grundschule (Englisch): Zwei Sprachen überforderten die Schüler/innen; Englisch sei wichtiger für den internationalen Diskurs als etwa Französisch (Z. 27 ff., 16 f.).
Argumente für zwei Fremdsprachen: Die Landessprachen seien wichtig für den Zusammenhalt in dem mehrsprachigen Land (Z. 32 ff.) und Teil der schweizerischen Identität.
d Es geht um folgende Sprachen: Belgien: Niederländisch/Französisch/Deutsch; Katalonien: Katalanisch/Spanisch (Kastilisch); Florida: Englisch/Spanisch; Schleswig-Holstein: Deutsch/Dänisch.
Die Ergebnisse können in Expertengruppen erarbeitet und auf Plakaten gebündelt werden.

Çok dillilik oder *Mihsprochischkät* – Ein Miniprojekt zu Mehrsprachigkeit ▶ S. 21

Çok dillilik (*Mehrsprachigkeit*, wörtlich: *Mehrzüngigkeit* auf Türkisch) oder *Mihsprochischkät* (*Mehrsprachigkeit* auf Kölsch)

1 a Es ist anzunehmen, dass viele Kölner/innen über eine **innere Mehrsprachigkeit** verfügen (z. B. Hochdeutsch/Kölsch) und viele über eine **individuelle Mehrsprachigkeit** (vgl. Definitionen S. 14): Deutsch sowie die Sprache des Herkunftslandes (des eigenen oder das der Eltern, wenn ein Kind zweisprachig aufwächst). Bei Sprachen wie Türkisch kann man auch von einer **territorialen Mehrsprachigkeit** ausgehen (Etablierung einer Sprache in einem Sprachraum).

b Das Tortendiagramm zu den Nationalitäten macht keine direkten Aussagen über Mehrsprachigkeit, lässt aber individuelle Mehrsprachigkeit vermuten (siehe a). Diesen Aspekt greift auch das Plakat auf und bezieht neben der äußeren auch die innere Mehrsprachigkeit mit ein. Die Grafiken geben keine Hinweise dazu, wie viele Deutsche mehrsprachig sind.

c Ziel des Wettbewerbs war es, Sprachenvielfalt als Kulturgut darzustellen. Das Plakat soll diese Vielfalt anhand eines alltäglichen Nahrungsmittels visualisieren. Das „Sprich mit" impliziert eine Wertschätzung der Mehrsprachigkeit und soll offenbar dafür werben, die sprachliche Vielfalt als Einladung zu verstehen, sich mit seiner eigenen Sprachlichkeit einzubringen und die der anderen zu schätzen.

Innere Mehrsprachigkeit – Varietäten zuordnen ▶ S. 22

1

1 Fachsprache (Sprachwissenschaft)
2 Regiolekt/Dialekt (schwäbisch); Register: situativ angepasst (Interview nach sensationell deutlichem Halbfinalsieg bei der WM, Ziel: Bescheidenheit demonstrieren, Understatement)
3 Fach-/Sondersprache (Recht)
4 Soziolekt: Jugendsprache (spielerische Verwendung, mischt deutsche Sprachstrukturen mit anderen, vgl. S. 30)
5 Soziolekt: Jugendsprache, SMS-Sprache; Register: situativ angepasst (üblicher Umgang mit Freundin)
6 Sonder-/Fachsprache: Wirtschafts-„Denglisch"
7 Regiolekt, Soziolekt: betonte Umgangssprache; Register: situativ angepasst (problematisches Interview)
8 Soziolekt: Jugendsprache mit Code-Switching (Liedtext ahmt Sprache der jugendlichen Zielgruppe nach)

Dialekt: Hemmschuh oder Vorteil? – Eine kontroverse Frage erörtern ▶ S. 23

1 a Dialekt bringt Vorteile in folgenden Situationen: kann im geschäftlichen Kontakt bestimmter Branchen Nähe/Vertrauen schaffen (von Elm, Z. 27 ff.); flexibler Wechsel zwischen Hochsprache und Dialekt ermöglicht den Sprecherinnen und Sprechern, situativ die Vorteile beider Sprachvarietäten zu nutzen (von Elm, Z. 35 ff.);
Dialektbeherrschung erleichtert Fremdspracherwerb z. B. durch bessere Fähigkeit zur Sprachstrukturerkennung (Blaß, Z. 23 ff.) und größeren Wortschatz (Blaß, Z. 11 f.); Dialekt ermöglicht höhere Präzision im Gefühlsausdruck (Blaß, Z. 34 ff.);
Dialekt bringt Nachteile in folgenden Situationen: Im Geschäftskontext riskiert man, nicht ernst genommen zu werden (von Elm, Z. 11 f.); Dialekt wirkt sprachnachlässig im Rahmen der „Job-Etikette" (von Elm, Z. 15 ff.); Dialekt führt als Oberflächenmerkmal in flüchtigen Kontakten rasch zu einer (abwertenden) Etikettierung.

b Die Fähigkeit zum Registerwechsel ermöglicht es, die Vorteile der Dialektverwendung situativ zu nutzen und in Situationen, in denen der Dialekt Risiken birgt, auf die Standardsprache auszuweichen.

Vom Dialekt zum Regiolekt – Sprachentwicklungen untersuchen ▶ S. 24

1 a *Mögliche Lösung:*
links: *Dachstuhl, Speicher, Dachboden, Boden*
rechts: *Murmel, Knippele, Heuer, Klicker, Ömmesse*

2 a Die Sprachwissenschaftlerin nennt die auditiven Medien als wichtigen Grund dafür, dass sich Sprachunterschiede einebnen und daher nur noch die moderate Form des Regiolekts überlebt.

b Die beispielhaften Daten zum Wort *Murmel* zeigen tatsächlich die Tendenz zu geringerer Nutzung von Dialekten/Regiolekten mit dem Generationenwandel: Jüngere Sprecher/innen verwenden häufiger die standardsprachliche Bezeichnung; die Bezeichnung *Kniggele* verwenden nur noch die Älteren, womit dieses Wort auszusterben scheint.

Regiolekte in der Gebärdensprache – Sprachvarietäten deuten

▶ S. 25

1 Neben der oralen Sprache wird die Gebärdensprache als zweite Variante des Deutschen verwendet.

2 a Die Varianten der Gebärdensprachen sind regional geprägt, aber dennoch in der Regel über die Region hinaus verständlich.
b Die späte Anerkennung könnte an einer mehrheitsorientierten Anerkennungspraxis liegen: Die Gebärdensprache wirkt für hörende Menschen zunächst fremd, sie beherrschen sie in der Regel nicht und „Sprechen" wird oft mit oralem Sprechen gleichgesetzt. Dies dürfte dazu geführt haben, dass die Gebärdensprache zunächst gar nicht als Sprache angesehen wurde.
c Mögliche Erklärung: Würste sind oft durch Schnüre verbunden, die etwa Kinder dazu einladen, die Würste über das Ohr zu hängen.

3 Die Beispiele der Bezeichnungen für *Wurst* und *Sonntag* zeigen unterschiedliche Sichten auf dieses Phänomen, bestätigen also Humboldts These.

4 In den USA könnte dies an einer dort wahrnehmbaren höheren Wertschätzung von Vielfältigkeit liegen.

Og co snackst tu? – Minderheitensprachen betrachten

▶ S. 26

1 A Nordfriesisch, B Romanes, C Dänisch, D Sorbisch

2 a Minderheitensprachen werden auf der Basis der Europäischen Charta der Regional- und Minderheitensprachen geschützt, die die schützenswerten Sprachen festlegt. Der Schutz beinhaltet eine aktive Förderung: Nutzung im öffentlichen Leben, kulturelle Tätigkeiten, Unterricht an Schulen.
b Mögliche Argumente: Nach Humboldt reflektieren Sprachen spezifische Weltsichten, die nicht verloren gehen sollten. Da die mit der eigenen sozialen Gruppe verbundene Sprache auch die Identität prägt und die Anerkennung der Sprache eine Wertschätzung ausdrückt, zeigt der Schutz einer Minderheitensprache auch Respekt vor der Identität der sie sprechenden Menschen.
d Individuelle Lösungen: Der jeweilige Wikipedia-Artikel bietet weiterführende Links, z. B.: http://romaniprojekt.uni-graz.at// (Sprachprojekt zu Romani an der Universität Graz).

Institutionelle Mehrsprachigkeit – Positionen vergleichen

▶ S. 27 f.

1 a Nur diese Regelung lässt alle Mitgliedsstaaten als gleichwertig erscheinen und ermöglicht es allen EU-Bürger/inne/n, in ihrer Muttersprache mit der EU zu kommunizieren.
b Man kann Anträge in einer selbst gewählten EU-Sprache schreiben und erhält in der jeweiligen Sprache Antwort. Die Homepage kann in allen 24 Sprachen aufgerufen werden.
c *Mögliche Antwort:*
Vorteile: sprachliche Vielfalt wird institutionell gespiegelt, alle Bürger/innen können in ihrer Muttersprache Kontakt zur EU aufnehmen, Signal für die Gleichwertigkeit der EU-Staaten, Ermöglichung der aktiven politischen Teilhabe (Entscheidung prüfen usw.) durch alle EU-Bürger/innen
Nachteile: hohe Kosten z. B. für Übersetzungen, Verständigungsprobleme innerhalb der Institution, weil keine Verkehrssprache verbindlich ist

2 a

Trabant: Die Anglisierung der EU	Kolb: Let's face it: …
Kernforderung: M+2 F ernst nehmen, Englisch nur als Fremdsprache und nicht als universalisierte Quasi-Nebenmuttersprache nutzen; Muttersprachen in wichtigen Diskursen nutzen	Kernforderung: Englischkenntnisse fördern, plus Unterricht in einer weiteren Sprache für jedes Kind; wichtige Diskurse auf Englisch führen
⇩	⇩
Argumente: globales Englisch liefert keine europäische Identität, ist wesentlich ökonomisch begründet; Nationalsprachen verlieren an Gewicht und verkommen zur niederen Alltagssprache	Argumente: Englisch kann europäische Verkehrssprache sein und Übersetzungen oft überflüssig machen; zweite Fremdsprache als Zeichen des Respekts vor anderer Kultur
⇩	⇩
Eingehen auf Gegenargumente: die Menschen verständigen sich in der Verkehrssprache Englisch → Entkräftung: Preis ist Entwertung der Muttersprachen	Eingehen auf Gegenargumente: Vielfalt als Stärke, Übergehen der kleinen Staaten, Gleichmacherei → Entkräftung: gerade kleine Staaten akzeptieren Englisch klaglos als Leitsprache

Hinweis: Die Gegenüberstellung zeigt, dass die auf den ersten Blick groß erscheinenden Unterschiede sich letztlich als unterschiedliche Gewichtung innerhalb sehr ähnlicher Forderungen erweisen.

Verändert Mehrsprachigkeit die Standardsprache? – Eine Position bewerten ▶ S. 29

1 a Kreolisches Prinzip (Kreol: Mischsprache aus mehreren Sprachen, die als Verkehrssprache dient und dabei naturgemäß eine Neigung zu einfachen Sprachstrukturen zeigt): In der Mischung von Sprachen in einem mehrsprachigen Gebiet werden Sprachphänomene abgebaut, die zur Verständigung nicht nötig sind. Die Kasusendungen des Deutschen etwa seien für die Verständigung entbehrlich, würden daher von Zugewanderten oft nicht genutzt, sodass dann auch das Deutsche selbst sich in die Richtung bewegt, die Kasusverwendung abzubauen.

b Bedenklich erscheint Hinrichs die Sprachvereinfachung schon deshalb nicht, weil sich das Deutsche damit den Strukturen anderer Sprachen annähere, die offenbar fast ohne Kasusunterscheidungen auskommen. Zudem sieht er hierin nur eine Verstärkung einer Sprachen innewohnenden Tendenz zur fortschreitenden Vereinfachung (diese These wurde bereits von Jacob Grimm vertreten).

c Die Fragen machen darauf aufmerksam, dass Hinrichs den Nachweis schuldig bleibt, dass der beschriebene starke Sprachwandel überhaupt eingetreten ist und dass er, wenn dies der Fall ist, durch Zuwanderung in Gang gesetzt wurde. Sprachvereinfachungen könnten ja auch ohne diesen Einfluss stattfinden.

Wandel der Jugendsprache – Sprachentwicklungen einschätzen ▶ S. 30

1 a Genannt werden folgende Sprachphänomene:

- Mischung deutscher und türkischer Wörter und Grammatikstrukturen, etwa Verzicht auf Artikel und Präpositionen (Z. 14 ff.)
- paraverbale Anpassung an die Sprachmelodie anderer Sprachen (Z. 18 ff.)
- rituelle Beschimpfungen (Z. 29 ff.)
- Verwendung der türkischen und arabischen Fragesyntax (Z. 43 ff.)

Aufgeführte Gründe: Mischsprache werde verwendet, um Prestige und Identität zu stärken (Z. 52 f.), Berliner/inne/n falle sie aufgrund der ähnlichen Grammatikstrukturen ihres Dialekts leicht (Z. 46 f.)

b Es kann bezweifelt werden, dass die Jugendlichen sich von der Mischsprache einen Prestigegewinn versprechen. Diese Art der Jugendsprache kann auch als kreatives Sprachspiel mit Registern verstanden werden, bei dem Sprachrollen spielerisch ausprobiert und parodiert werden.

2 Die Sprachverwendungen der Erwachsenen können als ironisierendes Sprachspiel verstanden werden, das kaum auf einen Sprachwandel hindeutet, da die Register problemlos gewechselt werden.

Wörter mit Migrationshintergrund – Historischen Sprachwandel beleuchten ▶ S. 31

1 a *Hängematte* und *Schmetterling* sind Lehnwörter, die aufgrund ihrer vollständigen Anpassung nicht mehr als „Sprachmigranten" erkannt werden. Zudem scheinen sie mit Wörtern wie *Matte/hängen* bzw. *schmettern* verwandt zu sein

2 a Hinweise zur Etymologie:
Abenteuer: franz. *aventure*: Ereignis
Alarm: ital. *all'arme*: zu den Waffen
Currywurst: Tamil: *karil* (Curry)
Fantasie: griech.-lat. *phantasia*: Erscheinung, geistiges Bild
Ferien: lat. *feriae*: Festtage
mutterseelenallein: frz. *moi tout seul*
Ordnung: lat. *ordo*
Pantoffel: frz. *pantoufle*
Paradies: mittelpersisch: *Pardez*: Einzäunung
Schule: lat. *schola* (von griech. *scholé*): Muße, freie Zeit

b Die Einwanderungen aus dem Französischen lassen sich über Sprachkontakte gebildeter Bürger/innen erklären, das Lateinische war seit dem Mittelalter europäische Bildungssprache und „Fremdwortspender". Die Einwanderungen aus dem Persischen oder Tamil haben oft eine lange Wanderungsgeschichte hinter sich. Mehrsprachigkeit im Sinne einer territorialen Mehrsprachigkeit oder verbreiteter individueller Mehrsprachigkeit (nach Zuwanderung) auf deutschem Boden war kaum Ursache der Spracheinwanderung.

Lernaufgabe: Materialgestützt einen Text verfassen ▶ S. 32 ff.

1 a Adressatenkreis: Schüler-, Eltern-, Lehrervertreter/innen in der Schulkonferenz
Textsorte: informierender Text
Intention: Der Text soll einen ersten Einblick in die Rahmenbedingungen des Faches Türkisch bieten sowie Informationen, die für eine Meinungsbildung zur Frage der Einführung an der Schule relevant sind.
c Nicht finden wird man in den Texten vermutlich Fragen, die sich die Schule in der Diskussion stellen müsste, sowie Erklärungen für die öffentliche Meinung.
d Solche Aufgabenteile sind mit Vorwissen und eigenen Schlussfolgerungen zu lösen.

2 **Rechtliche Grundlagen:**
Türkisch kann in NRW im Herkunfts- oder Fremdsprachenunterricht gelernt werden. Ersterer wird von der Primarstufe bis zum Ende der Sekundarstufe I angeboten, Letzterer ab Klasse 6 bzw. 8 oder in der gymnasialen Oberstufe. Türkisch kann als Grund- oder Leistungskurs belegt und mit der Abiturprüfung abgeschlossen werden (M1, M2).
Daten: In NRW 12 Gymnasien mit dem Fach, ca. 1300 Schüler/innen (M1);
Beispiel Vorreiterschule Ricarda-Huch-GY: 40 % der Schüler/innen mit Zuwanderungsgeschichte;
Bildungsforscher: Nur 14 % der Jugendlichen mit Zuwanderungsgeschichte in NRW besuchen ein Gymnasium (M4).
Gesellschaftliche Gründe, öffentliche Meinung:
Reaktion der Gymnasien auf veränderte Rahmenbedingungen (M4); gleichwohl starke Ablehnung des Fachs Türkisch (M3); evtl. weil als ungerechtfertigter Vorteil für türkischsprachige Schüler/innen gesehen (M5)? (was bei englisch- oder französischsprachigen Schülern aber nicht als Argument angeführt wird)
Motive für die Facheinführung:
Reaktion auf die Bedürfnisse vieler Schüler/innen (M4, M5), Anerkennung der Mehrsprachigkeit von Jugendlichen (M5)
Erfahrungen aus der Perspektive der Lehrer/innen (M5), Schüler/innen (M5), einer Schulleiterin (M4, M5), eines Bildungsforschers (M4)
Mögliche Fragen: Wäre für unsere Schule das Angebot reizvoll? Wäre es für unsere Schule ein Wettbewerbsvorteil? Könnte das Fach an unserem Ort als gesellschaftspolitisches Signal wirken?

3 Die Aussagen 2, 3 und 4 treffen zu.

Klausur 1: Materialgestützt einen Text verfassen ▶ S. 38

Erwartungshorizont: siehe Seite 54 für die inhaltliche Leistung und S. 56 für die Darstellungsleistung

Klausur 2: Analyse eines Sachtextes mit weiterführendem Schreibauftrag ▶ S. 42

Erwartungshorizont: siehe Seite 55 für die inhaltliche Leistung und S. 56 für die Darstellungsleistung

Bewertungsbogen Klausur Nr. ________ vom ________________

Name: ________________

A) Inhaltliche Leistung		Maximale Punktzahl	Erreichte Punktzahl
	Sie …		
1	**wählen eine themenbezogene Überschrift**	2	
2	**beginnen mit einem Aufhänger, der Interesse weckt, etwa einem konkreten Sprachbeispiel**	5	
3	**erläutern das aus dem Unterricht bekannte Konzept der inneren und äußeren Mehrsprachigkeit verständlich, etwa:** ▪ äußere Mehrsprachigkeit als Nebeneinander von Nationalsprachen ▪ innere Mehrsprachigkeit als Nebeneinander von Varietäten einer Sprache ▪ Hinweis auf individuelle versus territoriale Ausprägungen ▪ Veranschaulichung der Begriffe durch Beispiele, insbesondere bezüglich der inneren Mehrsprachigkeit (Dialekt, Fachsprachen …)	16 (5) (5) (2) (4)	
4	**geben einen anschaulichen Überblick über das Phänomen der Mehrsprachigkeit im Ruhrgebiet bzw. in NRW, etwa:** ▪ hinsichtlich der äußeren Mehrsprachigkeit: Hinweis auf signifikante Daten wie die Zahl der Nationen, den Anteil mehrsprachiger Kinder in Kitas (M1, M2, M3) ▪ Hinweis auf Bedeutung des herkunftssprachlichen Unterrichts in NRW (M4, M5) ▪ Veranschaulichung der äußeren Mehrsprachigkeit, etwa durch Hinweise auf die Situation in Unternehmen in NRW (M6) ▪ hinsichtlich der inneren Mehrsprachigkeit: Hinweis auf Bedeutung des Regiolekts Ruhrdeutsch als Alltagssprache, aber auch im Bereich der Kunst (Kabarett, Musik …) anzutreffen (M7) ▪ Veranschaulichung der inneren Mehrsprachigkeit durch Beispiele aus dem Ruhr(gebiets)deutschen (M7, M8)	20 (5) (2) (3) (5) (5)	
5	**weisen auf historische Entwicklungen der Mehrsprachigkeit hin, etwa:** ▪ hinsichtlich der äußeren Mehrsprachigkeit: jahrzehntelanger Zuzug von Arbeitskräften führt zu Sprachenvielfalt im Ruhrgebiet (M1, M2) ▪ hinsichtlich der inneren Mehrsprachigkeit: nach Verdrängen des niederdeutschen und niederfränkischen Dialekts durch die Hochsprache wird Ruhr(gebiets)deutsch zur Alltagssprache (Regiolekt) (M7) ▪ hinsichtlich der inneren Mehrsprachigkeit: Hinweis auf Importe aus den Migrantensprachen ins Ruhr(gebiets)deutsch (M7)	12 (5) (4) (3)	
6	**machen die Bedeutung der Mehrsprachigkeit im Alltag an Beispielen deutlich, etwa:** ▪ Hinweise zum Alltag bezüglich der äußeren Mehrsprachigkeit: Situation in Unternehmen (M6), Situation in Schulen (M4, M5), Ruhrgebietsidentität über die Mehrsprachigkeit hinweg (M1, M2) ▪ Hinweise zum Alltag bezüglich der inneren Mehrsprachigkeit: Funktion als Soziolekt, Heimatverbundenheit durch Ruhrdeutsch (M7)	15 (8) (7)	
7	**begründen, warum die Schule den Projekttag durchführt, etwa:** ▪ Erzeugung von Sprachsensibilität: Sprachvarietäten wie das Ruhr(gebiets)deutsch werden in ihrer Spezifik erkannt ▪ Stärkung von Interkulturalität: Wertschätzung von Sprachen durch Beschäftigung mit ihnen ▪ Beitrag zur Mehrsprachigkeit: Schnupperkurse könnten Interesse am Erwerb einer weiteren Fremdsprache wecken	15 (5) (5) (5)	
8	***Sie erfüllen ein weiteres aufgabenbezogenes Kriterium***	(12)	
			/85

Bewertungsbogen Klausur Nr. ________ vom ______________________________

Name: ______________________________

A) Inhaltliche Leistung		Maximale Punktzahl	Erreichte Punktzahl
Aufgabenteil I: Sie …			
1	**formulieren eine aufgabenbezogene Einleitung, die zentrale Angaben aufnimmt:** Autorin, Titel, Textsorte, Jahr der Veröffentlichung	2	
2	**nennen als zentrales Thema des Textes den Umgang mit der türkisch-deutschen Mehrsprachigkeit in Deutschland**	3	
3	**stellen den Text strukturiert vor, etwa:** ironische Selbstvorstellung (Z. 1–24), Bruder als Beispiel für unterschiedlichen Umgang mit Mehrsprachigkeit (Z. 35–52), Schlussteil als an alle gerichteter Appell zur Integration (Z. 66–77)	6	
4	**beschreiben die Situationen fachsprachlich präzise, etwa:** ▪ Autorin und Bruder als Beispiele individueller, äußerer Mehrsprachigkeit ▪ Autorin und Bruder: Sprache und Sprachabgrenzung als Identitätsaspekte ▪ Beispiele für einsprachigen Habitus in einem mehrsprachigen Gebiet	9	
5	**arbeiten die Thesen und ihre argumentative Stützung heraus, etwa:** ▪ Kernthese: Sprachliche und soziale Integration kann gelingen, wenn alle versuchen und ein Interesse daran zeigen, miteinander zu leben. ▪ Argumente: Menschen mit und ohne Zuwanderungsgeschichte leben prinzipiell gleich; Kontakt zwischen Kindern reicht für sprachliche Integration (Z. 53–60); Biografie der Autorin zeigt, dass eine gelungene Integration einen sozialen Aufstieg auch aus einem bildungsfernen Hintergrund ermöglichen kann (Z. 69 ff.)	15 (6) (9)	
6	**weisen Besonderheiten in der Darstellung aus, etwa:** ▪ zynische Ironisierung von Zuschreibungen, die Fremdheit beschwören: Selbstattribuierung „Miststück“ (Z. 19), Ironisierung der Namensdeutungen (Z. 21 ff.) ▪ dialogischer Charakter: Ansprache an Leser/in, die/der wenig vom Leben der Menschen mit Zuwanderungsgeschichte weiß, aber klare Vorstellungen davon hat (Z. 6 ff.) ▪ bewusst von ruhrgebietssprachlicher Schroffheit geprägter Stil: Gereiztheit angesichts der Erklärungsbedürftigkeit von Selbstverständlichem	10 (3) (5) (2)	
7	**untersuchen die sprachliche Darstellung hinsichtlich der Wirkung, etwa:** ▪ Leser/in soll eigene Vorurteile erkennen/hinterfragen ▪ eigener Beitrag zu gelingender Integration soll wahrgenommen werden	6	
8	**formulieren eine reflektierte Schlussfolgerung, etwa:** ▪ bewusstes Spiel auch mit der medialen Berichterstattung über Integration; Sprachvirtuosität soll die Absurdität der Unterstellungen belegen	4	
Aufgabenteil II: Sie …			
1	**formulieren eine aufgabenbezogene Überleitung**	2	
2	**stellen Aspekte dar, die für eine gelungene Integration (auch) durch die gute Beherrschung der deutschen Sprache sprechen, etwa aus der Biografie** ▪ der Autorin (Sprache als Mittel der Integration und des Aufstiegs), des Bruders	10	
3	**stellen Aspekte dar, die gegen eine gelungene Integration durch die gute Beherrschung der deutschen Sprache sprechen, etwa:** ▪ aus der Biografie der Autorin: Abgrenzung trotz perfekter Sprachkenntnisse ▪ Vorurteilskultur unabhängig von Sprache	10	
4	**kommen zu einem begründeten und abgewogenen eigenen Urteil**	8	
	Sie erfüllen weitere aufgabenbezogene Kriterien (Teil I oder II)	(12)	
			/85

B) Darstellungsleistung:		Maximale Punktzahl	Erreichte Punktzahl
	Sie …		
1	**strukturieren Ihren Text schlüssig, stringent, gedanklich klar und auftragsbezogen:** ▪ angemessene Gewichtung der Teilanforderungen in der Durchführung ▪ gegliederte und angemessen gewichtete Anlage der Arbeit ▪ schlüssige Verbindung der einzelnen Arbeitsschritte ▪ schlüssige gedankliche Verknüpfung von Sätzen	6	
2	**formulieren unter Beachtung des Adressatenbezugs sowie der Fachmethodik und der Fachsprache:** ▪ klare Trennung von erklärenden, informierenden und argumentierenden Textanteilen ▪ klare Erkennbarkeit von beschreibenden, deutenden und wertenden Aussagen ▪ Verwendung von Fachtermini in sinnvollem Zusammenhang ▪ sinnvolle Nutzung der Tempora ▪ korrekte Redewiedergabe (Modalität)	6	
3	**formulieren unter Beachtung der Anforderungen des Textformats und der Aufgabenstellung:** ▪ allgemeinsprachlich präzise ▪ stilistisch sicher ▪ lexikalisch differenziert ▪ deutlich informierend und argumentierend	6	
4	**formulieren syntaktisch sicher, variabel und klar**	4	
5	**belegen Aussagen durch angemessenes, funktionales und korrektes Zitieren**	3	
6	**schreiben sprachlich richtig (Rechtschreibung, Zeichensetzung, Grammatik; ohne Tempora, Modalität und Syntax) und beachten die Konventionen der äußeren Form**	10	
			/35
	Note: ( )	**Punkte:**	**/120**

114–120	15	**Hinweise zur Weiterarbeit:**
108–113	14	▪
102–107	13	▪
96–101	12	▪
90–95	11	
84–89	10	
78–83	9	
72–77	8	
66–71	7	
60–65	6	
54–59	5	
48–53	4	
40–47	3	
32–39	2	
24–31	1	
0–23	0	